KB261754

초등 영어 읽기,
뉴베리로 끝

초등 영어 읽기, 뉴베리로 끝

독해 실력이 쑥쑥 자라는 영어 독서법

초 판 1쇄 2025년 08월 28일

지은이 변예림
펴낸이 류종렬

펴낸곳 미다스북스
본부장 임종익
편집장 이다경, 김가영
디자인 윤가희, 임인영
책임진행 김요섭, 이예나, 안채원, 김은진

등록 2001년 3월 21일 제2001-000040호
주소 서울시 마포구 양화로 133 서교타워 711호
전화 02) 322-7802~3
팩스 02) 6007-1845
블로그 http://blog.naver.com/midasbooks
전자주소 midasbooks@hanmail.net
페이스북 https://www.facebook.com/midasbooks425
인스타그램 https://www.instagram.com/midasbooks

ⓒ 변예림, 미다스북스 2025, *Printed in Korea*.

ISBN 979-11-7355-380-6 03370

값 22,000원

미다스북스는 다음세대에게 필요한 지혜와 교양을 생각합니다.

초등 영어 읽기,
뉴베리로 끝

변예림 지음

미다스북스

영어책을 넘어,
세상을 읽는 힘으로

책을 읽는데도, 책 속 이야기가 잘 와닿지 않을 때가 있습니다.
아이들도 마찬가지입니다.
단어와 문장은 알지만, 책을 다 읽고 나서
"무슨 내용이었더라?" 하고 고개를 갸웃하는 경우가 많습니다.

아이에게 영어책을 읽히고 싶어 하는 부모님과 교사들을 만나며
저는 이런 고민을 자주 듣습니다.

"책은 읽는데 내용을 잘 이해하지 못해요."
"책을 끝까지 읽어도 기억에 남는 게 없어요."

저 역시 같은 문제를 오래 고민했습니다. 아이가 영어책을 읽는데 단어와 문장을 아는 것과 이야기를 이해하는 것은 전혀 다르다는 사실을 깨달았기 때문입니다.
읽기는 결국 세상을 이해하는 과정이어야 하고, 아이 스스로 생각하고 느끼는 힘을 길러야 한다고 믿습니다.

저는 아이들이 영어책을 통해 단순히 언어를 배우는 데서 그치지 않기를 바

랐습니다.

책 속 인물의 감정에 공감하고, 사건의 흐름을 따라가며, 스스로 질문을 던지는 독자가 되기를 원했습니다.

"주인공은 왜 그런 선택을 했을까?"

"이 이야기가 나와 어떤 관련이 있을까?"

이런 질문을 품으며 읽을 때, 아이는 영어책을 해석하는 독자를 넘어 세상을 읽는 독자로 성장합니다.

저는 이 책을 통해 아이들이 세 가지 힘을 키우길 바랍니다.

공감하는 힘: 인물의 감정을 이해하고 다른 시선을 받아들이는 마음

질문하는 힘: 왜, 어떻게, 무엇을 스스로 묻고 탐구하는 태도

생각을 확장하는 힘: 책을 통해 자신의 삶과 세상을 더 넓게 바라보는 시선

영어책 읽기는 단순히 단어를 해석하거나 문제를 푸는 공부가 아닙니다.

책 속 이야기를 만나고 인물의 마음을 들여다보는 경험을 통해,

아이들은 언어를 넘어 세상을 바라보는 눈을 키우게 됩니다.

영어책을 읽는 시간이 아이들에게 세상을 깊이 이해하는 경험이 되길 바랍니다.

2025년 8월
Growinup Erica

목
차

뉴베리 읽기의 시작
뉴베리에서 영어 리딩의 길을 찾다

STEP 3

생각의 폭을 넓히며 읽기

질문하고 연결하는 사고력 독서

영어책을 삶으로 확장하기

뉴베리 읽기를 프로젝트, 토론, 글쓰기 수업으로 연결하는 방법

뉴베리 읽기의 시작

뉴베리에서 영어 리딩의 길을 찾다

1.
영어 리딩의 기초,
개념과 전략 10가지

영어 원서를 읽는다는 건 이야기를 이해하고, 감정을 따라가며 생각을 확장하는 경험입니다. 아이가 영어책을 즐겁게, 그리고 깊이 있게 읽기 위해서는 몇 가지 꼭 알아두면 좋은 개념과 전략이 있습니다.

1. 리딩은 '암기'가 아니라 '이해'입니다

많은 학부모님이 "단어를 다 알아야 책을 읽을 수 있지 않을까요?"라고 묻곤 합니다. 그러나 리딩의 출발점은 '단어'를 아는 것이 아니라 '문맥'을 이해하는 것입니다. 문장의 흐름, 상황, 등장인물의 말과 행동을 통해 뜻을 유추하는 능력은 단어 암기보다 훨씬 더 강력한 리딩 전략입니다.

2. '모른다고 멈추지 않기'가 제1 전략입니다

아이들이 영어책을 읽다 포기하는 가장 큰 이유는 모르는 단어가 많아서입니다. 하지만, 사실은 다 알 필요 없습니다. 이야기의 흐름만 이해해도 충분히 다음 장으로 넘어갈 수 있습니다. 모르는 단어에 동그라미만 쳐두고 넘어가게 하세요. 리딩은 정답을 찾는 시험이 아닙니다.

3. 한 줄 한 줄 해석보다 '묶어서 읽기'를 시도하세요.

초반에는 아이들이 한 문장씩 단어를 끊어 해석하려는 경향이 있습니다. 하지만 영어 원서는 우리말처럼 '덩어리'로 읽을 때 더 자연스럽고 쉽게 이해됩니다.

"She ran to the door."를 "그녀는 / 달렸다 / 문까지"가 아닌 "그녀는 문으로 달려갔다."라는 자연스러운 이미지로 받아들이게 도와주세요. 문장 단위보다는 장면 단위로 읽는 연습이 필요합니다.

4. '읽을 수 있는 책'보다 '재미있는 책'을 고르세요.

리딩 지수가 딱 맞는 책이라고 해도 재미가 없다면 아이들은 읽지 않습니다. 반대로 조금 어려운 책이어도 내용이 흥미롭다면 끝까지 읽고 싶어 합니다. '재미'는 리딩 습관의 가장 강력한 동기입니다. '잘 고른 책 한 권, 열 단어 외우는 것보다 낫다.'라는 마음으로 재미있는 책을 우선 선택하세요.

5. 아이마다 리딩의 속도는 다릅니다

같은 책이라도 아이마다 읽는 속도는 다릅니다. 처음 읽는 아이는 한 페이지에 10분이 걸릴 수 있습니다. 익숙한 아이는 한 권을 하루 만에 읽기도 합니다. 중요한 것은 '얼마나 빨리'가 아니라 '얼마나 꾸준히'입니다. 매일 다섯 페이지라도 괜찮습니다. '완독 경험'이 쌓일수록 아이는 점점 더 자신감을 갖게 됩니다.

6. '소리 내어 읽기'는 유창성 훈련의 첫걸음입니다

영어 문장을 입으로 읽으면 문장의 리듬, 억양, 감정을 직접 느낄 수 있습니다. 부모님이 옆에서 한 문장씩 읽어주고, 아이가 따라 읽는 식으로 함께 읽기(read-aloud)를 시도해 보세요. 영어 문장의 구조와 느낌을 몸으로 익히는 좋은 방법입니다.

7. 이야기 구조를 함께 짚어주세요

책 한 권을 단순히 "재미있게 읽었다."에서 끝내지 않고, '처음—중간—끝'으로 나누어 이야기의 구조를 짚어주는 연습이 필요합니다. '주인공은 누구인지', '무엇을 겪었는지', '어떻게 변화했는지'를 이야기해보는 것만으로도 리딩에 대한 이해가 훨씬 깊어집니다. 줄거리를 말해보는 활동은 글쓰기와 요약 훈련의 기본입니다.

8. 질문을 던지고 대화를 나누세요

리딩 후 "어땠어?"라는 질문 대신, "왜 그 인물이 그렇게 행동했을까?", "너라면 어떻게 했을까?" 같은 생각을 이끄는 질문을 던져보세요. 좋은 질문 하나가 리딩의 깊이를 확 바꿔줍니다. 아이가 책을 자기 삶과 연결하며 생각을 확장하도록 도와주는 것이 독서의 본질입니다.

9. 리딩은 쓰기와 연결될 때 완성됩니다

읽은 책을 바탕으로 자신의 생각을 글로 표현하는 것은 영어 독서의 마무리를 짓는 훌륭한 방법입니다. 간단한 인물 소개, 줄거리 요약, 책 속 인물에게 편지 쓰기 등은 초등 수준에서도 충분히 가능합니다. 영어 문장 쓰기가 어렵다면 한글로 생각을 먼저 정리해보세요. 짧은 영어 표현으로 바꿔보는 방식도 좋습니다. 처음부터 완벽하게 쓰는 것보다, 자기 생각을 옮기는 데 집중하는 것이 핵심입니다.

10. '매일 조금씩'이 아이를 바꿉니다

꾸준함은 어떤 전략보다 강합니다. 매일 10분이라도 영어책을 읽는 습관이 만들어진 아이는 분명 달라집니다. 부모가 함께 책을 고르고, 응원해주고, 이야기를 나누는 그 시간이 아이의 독서력을 바꾸는 가장 큰 힘입니다. 일주일에 한 권을 읽는 것보다 매일 두 페이지라도 읽는 것이 훨씬 더 강력한 리딩 루틴입니다.

영어 리딩의 시작은 거창하지 않아도 됩니다. '잘 고른 책'과 '매일의 작은 실천'만 있다면, 아이는 어느새 영어책을 성장하는 독자가 되어 있을 것입니다.

2.
왜 뉴베리일까?
- 100년을 살아남은 이야기의 힘

"이제 어느 정도 영어책을 쉽게 읽을 수 있어요. 그 다음엔 뭘 읽어야 할까요?"

영어 리딩을 꾸준히 해온 아이가 한 단계 더 깊이 있는 책을 찾게 되었을 때, 많은 부모와 선생님이 이런 고민을 합니다. 그럴 때 저는 주저 없이 이렇게 대답합니다.

"뉴베리 수상작을 만나보세요."
'문장을 넘어서 이야기 전체를 이해할 수 있는 힘'이 생겼을 때, 아이는 다음 리딩 세계로의 문을 열어야 합니다. 그 문을 열어주는 가장 좋은 열쇠가 바로 뉴베리(Newbery)입니다.

뉴베리 상이란?

뉴베리 상은 1922년부터 시작된 미국의 가장 오래된 아동 문학상입니다. 미국 도서관협회(American Library Association)에서 매년 선정합니다. "그해 어린이들을 위해 출간된 가장 뛰어난 문학 작품"에 수여됩니다. 수상작은 단순히 재미있는 책이 아닙니다. 문학성, 주제의 깊이, 인물 묘사와 서사 완성도까지 엄격하게 심사되어 선정됩니다. 이미 세계 여러 나라에서도 좋은 작품으로 인정받고 있습니다.

왜 뉴베리로 읽기를 '심화'해야 하나요?
1. 줄거리를 넘어서 '서사'를 읽는 힘

뉴베리 수상작은 단편적인 에피소드가 아닙니다. 도입-전개-위기-절정-결말의 구조가 명확한 이야기로 구성되어 있습니다. 이런 책을 읽으며 아이들은 단순히 '무슨 일이 있었는지'를 아는 것을 넘어서게 됩니다. 왜 그런 일이 일어났는지, 인물은 어떻게 변화했는지를 따라가게 됩니다. 이는 독해의 가장 본질적인 힘을 기르는 훈련입니다.

2. 감정을 공감하고, 생각을 연결하는 책

뉴베리 작품들은 대부분 관계, 성장, 상실, 용기, 정체성, 우정, 가족 같은 주제를 섬세하게 다룹니다. 어떤 책에서는 한 마리 고양이의 죽음이, 어떤 책에서는 전쟁 속 아이의 선택이 깊은 울림을 줍니다. 이런 책들을 읽으며 아이는 '자신의 감정'과 '다른 사람의 삶'을 연결해봅니다. 한 문장을 넘어 책 전체를 이해하는 사고력을 키울 수 있습니다.

3. 영어는 수단, 읽기는 삶

뉴베리 책을 읽을 때 아이들은 단순히 영어를 공부하기 위해 책을 펼치지 않습니다. 이야기 속으로 빠져들며 인물의 감정에 공감하게 됩니다. 이것이 바로 영어가 '외국어'가 아닌 '생각과 감정의 언어'로 전환되는 순간입니다. 영어 책을 읽는다기보다, 영어로 살아 있는 이야기를 경험하게 되는 것이죠.

　　초등 영어 읽기, 뉴베리로 끝

대표 작품 살펴보기

작품명	키워드
Because of Winn–Dixie	상실과 우정, 공동체의 회복
The One and Only Ivan	자유, 책임, 예술의 힘
Number the Stars	전쟁, 희생, 선택의 용기
Bridge to Terabithia	상상력, 상실, 성장의 아픔
Hello, Universe	연결, 용기, 다문화적 시선
Holes	과거와 현재, 운명과 정의

각각의 책은 전혀 다른 인물, 배경, 이야기 구조를 가집니다. 하지만 읽고 나면 공통적으로 아이의 마음에 오래 남는 생각거리를 남깁니다. 그리고 그 깊이는, 단어 뜻을 더 외우는 것보다 훨씬 더 오래갑니다.

뉴베리는 '읽기 실력'이 아니라 '이야기를 받아들일 준비'가 되었을 때

뉴베리 수상작은 단순한 '읽기 연습용 책'이 아닙니다. 영어로 된 문장을 술술 읽는 능력보다 더 중요한 것은 '이야기를 받아들일 준비가 되었는가?'입니다. 사실 뉴베리 수상작은 결코 쉬운 책이 아닙니다. 영어 문장이 길고, 어휘도 쉽지 않습니다. 무엇보다 담고 있는 주제와 감정이 깊이 있습니다. 그래서 '영어책을 처음 접하는 아이'보다는, 이미 영어로 이야기를 즐겨 읽고 있고, 이제는 한층 더 깊이 있는 독서를 경험하고 싶은 아이에게 더 적합합니다.

여기서 중요한 건 '영어책'이라는 겉모습이 아닙니다. 그 안에 담긴 '이야기'의 힘입니다. 아이들이 영어책을 읽는 진짜 목적은 단순히 어휘를 늘리거나 문장을 해석하는 데 있지 않습니다. 이야기를 통해 의미를 발견하고, 감정을 느끼고, 생각을 키워가는 것이 진정한 독서입니다.

3.
우리 아이 영어 수준, 정확하게 진단하는 법
(Lexile / AR / GRL)
내 아이에게 딱 맞는 영어책, 어떻게 고를까?

영어 원서를 고를 때 가장 많이 듣는 말이 있습니다. "아이 수준에 맞는 책을 골라주세요." 그런데 정작 '수준'이 뭔지, 어떻게 판단해야 하는지 모호할 때가 많습니다. 이때 객관적인 기준이 되어주는 것이 바로 리딩 레벨 지표입니다. Lexile(Lexile Measure), AR(Accelerated Reader), GRL(Guided Reading Level)은 전 세계에서 가장 널리 활용되는 영어 독서 지수입니다. 이 지표들을 알면 무리 없는 수준에서 시작해, 점진적으로 독서를 이어갈 수 있는 전략을 세울 수 있습니다.

1. Lexile 지수란?

Lexile 지수(Lexile Measure)는 미국 메타메트릭스(MetaMetrics)사에서 개발한 독서 지수입니다. 책의 난이도뿐 아니라 독자의 이해력을 수치화합니다. '어떤 책이 어떤 독자에게 적합한가?'를 과학적으로 연결해주는 체계입니다.

숫자가 높을수록 문장 구조와 어휘 수준이 높고 복잡합니다. 200L은 읽기를 막 시작하는 기초 수준, 600L~800L은 심화 읽기를 시작하는 중급 수준, 900L 이상은 난도가 높은 상급 수준입니다. 『The One and Only Ivan』은 570L, 『Holes』는 660L로 중급에서 상급에 해당하는 난이도입니다.

아이의 Lexile 수준보다 ±100L 내외의 책을 읽히는 것이 가장 이상적입니다. 너무 낮으면 지루하고, 너무 높으면 포기하게 되기 때문이죠. Lexile 공식 홈페이지(lexile.com)에서 책이나 ISBN을 검색하여 난이도를 바로 확인할 수 있습니다.

2. AR 지수란?

AR(Accelerated Reader)은 Renaissance Learning에서 만든 독서 평가 시스템입니다. 미국 대부분의 초등학교에서 리딩 레벨 측정과 독서 활동 점검용으로 사용됩니다. AR은 숫자 형태의 Book Level(예: 3.5, 4.7 등)로 표시됩니다. 이는 '미국 학년 기준 몇 학년 몇 개월 수준의 책이다.'를 나타냅니다. AR 4.2는 4학년 2개월 학생에게 적합한 수준입니다. AR에는 책의 'Point'(읽었을 때 얻는 점수)도 함께 제시되어, 책의 분량과 난이도를 함께 고려할 수 있습니다.

책 제목	AR 레벨	AR 포인트
Charlotte's Web	4.4	5.0
Because of Winn-Dixie	3.9	3.0
Number the Stars	4.5	4.0
The One and Only Ivan	3.6	4.0
Hello, Universe	4.7	7.0

AR은 학년 기준이라 실제 읽기 실력과 꼭 일치하지 않을 수 있으므로, 읽은 후 아이가 얼마나 이해했는지 함께 이야기하며 점검하는 것이 중요합니다. AR 홈페이지(arbookfind.com)에서 대부분의 영어책 정보를 확인할 수 있습니다.

3. GRL이란?

GRL(Guided Reading Level)은 Fountas & Pinnell 시스템에서 개발한 교사가 학생에게 적절한 책을 제공할 수 있도록 만든 레벨 체계입니다. GRL은 직관적이며 초등 리딩 단계에서 가장 실용적이기도 합니다. A−Z까지 26단계로 나뉘며, A는 유아용, L은 초등 중학년, OR은 초등 상위 단계, S 이상은 보다 높은 수준의 책들입니다.

활용 Tip

도서관이나 교육 전문 서점에서 GRL 기준을 확인하면, 아이의 현재 읽기 수준에 맞는 책을 손쉽게 찾을 수 있습니다. 특히 여러 책을 비교할 때 GRL 지표를 함께 보면, 책의 난이도를 직관적으로 파악해 선택하는 데 큰 도움이 됩니다.

4. 내 아이에게 맞는 책, 이렇게 고르세요

중요한 건 '읽히는 것'이 아니라 '읽을 수 있는 것'을 고르는 것!
리딩 지수는 참고 기준일 뿐, 실제 책의 내용, 문체, 주제에 따라 체감 난이도는 다를 수 있습니다.

5. 뉴베리와 리딩 지수의 균형

뉴베리 수상작은 문학적 완성도가 높은 작품들입니다. 어떤 작품은 어휘와 문장 구조가 까다롭고, 이해를 위해 배경 지식이나 감정 이입 능력이 더 요구되기도 합니다. 리딩 지수는 아이에게 알맞은 책을 찾는 데 유용한 나침반이 됩니다. 하지만 책의 가치를 수치만으로 판단해서는 안 됩니다. 수준에 딱 맞는 책을 고르는 것만큼, 아이의 마음이 머물 수 있는 '좋은 이야기'를 만나는 것도 중요합니다.

4.
모르는 단어가 많아도 괜찮은 이유
– 영어책 읽기 3가지 기술
영어책 읽기 3가지 기술과 단어 대처 전략

"영어책을 읽을 때 모르는 단어가 너무 많아서 중간에 포기하게 돼요."
"사전 찾느라 진도가 안 나가요."
"한 문장 읽는데도 시간이 오래 걸려요."

영어 원서를 처음 접하는 학생들이 가장 많이 하는 고민입니다. 한두 단어가 아니라 문장 전체가 어렵게 느껴지기도 합니다. 해석하는 데 너무 오래 걸려 재미보다는 피로감만 느껴질 때도 많습니다. 하지만 영어책을 '해석하는 책'이 아니라 '읽는 책'이라고 생각하면, 이런 걱정은 훨씬 줄어들 수 있습니다. 특히 뉴베리 수상작들은 문학적인 표현이 많고 감정을 다루는 부분이 많습니다. 단어 하나하나에 집착하기보다는 이야기의 흐름과 분위기를 파악하는 능력이 훨씬 중요합니다. 모르는 단어가 나와도 당황하지 않고 읽어나가기 위해서는 몇 가지 기본적인 전략이 필요합니다.

첫 번째 전략: 스키밍(Skimming) – 전체 그림을 빠르게 훑어보기

책을 처음 읽을 때 모든 문장을 해석하려고 애쓰기보다, 전체의 그림을 먼저 그려보는 것이 좋습니다. 이를 '스키밍(skimming)'이라고 합니다.
『Because of Winn–Dixie』의 1장을 펼치면, 처음 문장에 "My name is India Opal Buloni"라는 말이 나오고, 마지막 문장에는 "That's how I

got my dog Winn-Dixie"라고 되어 있습니다. 첫 장을 자세히 읽지 않아도 이 장은 주인공이 강아지를 만나게 되는 이야기라는 걸 쉽게 짐작할 수 있습니다. 이처럼 제목, 챕터 제목, 첫 문단과 마지막 문단만 빠르게 훑어보는 것만으로도 이야기의 흐름을 파악할 수 있습니다. 이야기의 큰 그림을 먼저 이해하는 것은 좋은 시작이 됩니다.

두 번째 전략: 스캐닝(Scanning) – 필요한 정보만 빠르게 찾기

스캐닝(scanning)은 반대로, 읽으면서 특정 정보를 빠르게 찾아내는 전략입니다.

『Flora & Ulysses』를 읽다가 'William Spiver'라는 인물이 등장했을 때, '이 사람 누구지?'라는 궁금증이 생길 수 있습니다. 그럴 땐 이름 근처를 중심으로 빠르게 읽다 보면 "temporarily blind(일시적으로 눈이 보이지 않음)"라는 표현이 나타납니다. 이 인물에 대한 정보를 금방 알 수 있습니다. 이처럼 키워드를 중심으로 눈으로 훑으며 정보를 찾는 능력은, 독서할 때뿐만 아니라 퀴즈 문제를 풀거나 책 내용을 정리할 때도 매우 유용한 기술입니다.

세 번째 전략: 예측하기(Predicting) – 다음을 상상하며 읽기

'예측하기'는 단어를 모를 때 특히 도움이 되는 기술입니다.

책 속에 직접 설명되지 않은 정보라도, 앞의 사건과 말투, 분위기를 통해 우리는 다음 장면을 자연스럽게 예측할 수 있습니다. 『The One and Only Ivan』에서 "I made a promise to Stella."라는 문장을 읽으면, Ivan이 앞으로 어떤 행동을 할지 독자는 상상할 수 있게 됩니다.

예측을 하면서 읽으면 단어 하나하나에 집착하지 않게 됩니다. 이야기를 주도적으로 따라가는 독서 습관이 생깁니다.

그렇다면, 모르는 단어는 어떻게 해야 할까요?

"모르는 단어가 있어도 읽으세요."라는 말은 그냥 무시하라는 뜻이 아닙니다. 대신, 그 단어를 어떻게 이해할 수 있을지 생각하는 연습을 해보는 것이 중요합니다. 여기 네 가지 실전 전략을 소개합니다.

1. 문맥으로 의미 유추하기(Context Clues)

가장 기본적이면서도 효과적인 방법입니다. 앞뒤 문장을 통해 단어의 뜻을 추측하는 것입니다. "He trudged slowly through the snow."라는 문장이 있을 때, 'trudged'라는 단어를 알지 못해도 'slowly'와 'snow'를 통해 '힘겹게 걷는' 동작이라는 걸 유추할 수 있습니다. 아이들은 이 능력을 자연스럽게 갖추고 있습니다. 겁먹지 않고 문맥을 읽는 연습을 시켜주는 것이 중요합니다.

2. 어근·접두사·접미사로 분석하기

영어 단어는 조합으로 만들어지는 경우가 많습니다. 'unhappy'는 'un'(not) + 'happy'로, 'careless'는 'care' + 'less'(없는)로 이루어져 있습니다. 아이들이 이런 조합 원리를 익히면 모르는 단어도 추측이 가능해집니다. 특히 뉴베리 수상작은 단어가 어렵더라도 이런 조합이 명확한 경우가 많아, 스스로 학습하는 데 도움이 됩니다.

3. 사전은 '선택적으로' 사용하기

무조건 사전을 찾으면 읽는 흐름이 끊기게 됩니다. 독서가 아니라 번역 작업이 됩니다. 그래서 사전은 반드시 '중요하거나 반복되는 단어' 위주로 찾아봅니다. 5~7개까지만 제한하는 것이 좋습니다.

4. '모르고도 읽히는 경험'을 자주 만들어라

가장 중요한 것은 모든 단어를 다 알지 않아도 이야기를 이해할 수 있다는 경

힘을 만들어주는 것입니다. 책을 반복해서 읽거나 오디오북을 함께 들으며 내용을 익힙니다. 단어가 익숙해지고 자연스럽게 스며듭니다.

영어책은 단어 시험지가 아닙니다. 중요한 것은 단어 하나하나보다 이야기의 흐름과 감정 선과 그 안에서 얻는 경험입니다. 모르는 단어를 만날수록, 스스로 생각해보는 힘이 길러집니다. 영어책 읽기는 더 이상 '두려움'이 아닌 '도전'이 됩니다.

5.
이야기의 흐름이 한눈에 보이는
구조 읽기 연습

"책을 읽긴 했는데 무슨 얘기였는지 설명을 못하겠어요."
"주인공이 누구였는지는 아는데, 내용이 막 섞여요."
결말이 갑자기 끝나서 이해가 안 돼요."

영어책의 단어나 문장이 어렵게 느껴지고, 줄거리까지 잘 정리되지 않으면 아이들은 쉽게 '나는 영어책을 못 읽는구나.'라고 생각하게 됩니다. 책이 어려워서가 아니라, 이야기의 구조를 읽는 방법을 모르기 때문입니다. 모든 이야기는 일정한 구조의 흐름을 가집니다. 구조를 이해하면, 책을 처음부터 끝까지 줄줄 해석하지 않아도 이야기의 핵심을 꿰뚫어 볼 수 있는 힘이 생깁니다.

기본 이야기 구조 5단계로 정리하기
모든 이야기에는 시작, 위기, 그리고 결말이 있습니다. 이를 좀 더 구체적으로 나누면 다음과 같은 다섯 단계로 설명할 수 있습니다.

단계	설명	예시
1. 도입 (Introduction)	인물과 배경, 기본 상황 소개	주인공은 누구인가? 어디에 사는가?
2. 전개 (Rising Action)	사건이 벌어지기 시작	어떤 문제나 목표가 생기는가?
3. 위기 (Climax)	가장 큰 갈등이나 위기의 순간	주인공이 중요한 선택을 해야 하는 순간
4. 절정 (Falling Action)	위기 이후의 변화나 해결 과정	갈등이 풀리거나 감정이 정리되는 장면
5. 결말 (Resolution)	이야기의 마무리	주인공은 어떤 상태로 변했는가?

이 다섯 단계를 생각하며 책을 읽으면, 줄거리를 논리적으로 이해하고 정리할 수 있습니다.

구조를 읽으면 좋은 점

줄거리 요약이 쉬워집니다. 인물의 변화와 성장을 따라갈 수 있습니다. 등장인물의 말이나 행동의 이유를 이해할 수 있습니다. '읽었지만 기억 안 나는 책'이 줄어듭니다. 무엇보다도, 구조를 알면 단어와 문장을 몰라도 책 전체의 큰 그림을 이해하는 능력이 생깁니다.

실전 Tip   **이야기 구조를 직접 정리해보자**

책을 다 읽고 나서 다음의 질문들에 스스로 답해보는 연습을 해보세요. 이 질문에 답하며 줄거리를 정리하면, 읽기 후 활동이나 에세이 쓰기에도 큰 도움이 됩니다. 이야기의 구조는 영어책 독해에서 가장 중요한 프레임입니다. 단어를 많이 아는 것도 중요하지만, 이야기의 흐름을 파악할 수 있는 능력이야말로 진짜 리딩 실력을 만들어줍니다.

6.
질문 하나로 깊어지는 독서
– 생각의 폭을 넓히는 질문 만들기

"이 책 어땠어?"

"그냥… 재밌었어요."

학생들에게 책에 대해 물으면 종종 이렇게 짧은 대답이 돌아옵니다. 진짜 책을 '읽은 것'일까요? 아니면 그냥 '지나간 것'일까요? 독서는 질문으로 완성됩니다. '왜?', '어떻게?', '그래서?'라고 묻는 순간, 독서는 더 이상 텍스트만 보는 활동이 아닙니다. 생각을 확장하고 감정을 이입하게 됩니다. 세상을 바라보는 시야를 넓히는 경험으로 바뀝니다.

왜 '질문'이 중요한가요?

질문은 단순히 내용을 묻기 위한 것이 아닙니다. 오히려 질문은 독서가 머무는 지점이 아니라, 더 깊이 들어가는 문입니다. 좋은 질문 하나는 단락을 넘게 합니다. 다른 장면을 떠올리게 합니다. 자신의 경험과 연결되게 만듭니다. 질문이 없으면 책은 끝에서 멈추지만, 질문이 있으면 책은 내 안에서 계속 이어지는 대화가 됩니다.

질문의 3단계

좋은 질문은 생각의 층을 만듭니다. 가장 단순한 정보부터, 해석과 비판적 사고까지 이르게 됩니다. 다음은 독서 중 사용할 수 있는 질문의 세 단계입니다.

1. 사실을 묻는 질문

책 속에 직접 나와 있는 정보를 찾는 질문

"Who is the main character?"

"Where does the story take place?"

책을 '정확하게' 이해했는지를 확인합니다.

처음 독해 훈련을 시작하는 학생에게 필수입니다.

2. 추론을 요하는 질문

문장 사이에 숨겨진 의미, 인물의 마음을 추측하게 하는 질문

"Why did the character do that?, What might happen next?"

이 단계부터 독자의 '생각'이 필요해집니다.

직접 쓰이지 않은 것을 유추하며 감정과 상황을 해석하는 능력을 키웁니다.

3. 평가하고 연결하는 질문

주제, 메시지, 나의 생각, 세상과 연결하는 질문

"Do you agree with the character's decision?"

"What would you have done differently?"

이 단계에서 독서와 내 삶이 연결되는 경험으로 확장됩니다.

질문 만들기 팁 5가지

질문은 '생각하는 독서'의 시작입니다.

  초등 영어 읽기, 뉴베리로 끝

질문을 던지면, 아이는 텍스트를 넘어서 생각하게 됩니다. 질문을 하게 되면, 아이는 책과 진짜 대화를 시작한 것입니다. 이 과정은 독서를 더 의미 있고, 살아 있는 경험으로 만들어줍니다.

1. 대답이 '네 혹은 아니오'가 아닌 질문을 만들어보세요.

→ 열린 질문은 아이의 생각을 더 많이 끌어냅니다.

"Do you think the character was right?"보다 "Why do you think the character made that choice?"가 생각을 더 많이 이끌어낼 수 있습니다.

2. 인물의 감정이나 선택에 초점을 맞추세요.

→ 단순한 줄거리 확인을 넘어서 감정이입과 해석을 유도할 수 있습니다.

"How did the character feel in that moment? Why?"

3. '나라면 어땠을까?'를 묻는 질문을 추가하세요.

→ 책과 아이의 경험을 연결하면 독서가 개인적인 경험으로 확장됩니다.

"What would you have done in the same situation?"

4. 상징이나 배경에도 질문을 던져보세요.

→ 눈에 잘 띄지 않지만 중요한 요소에도 주목하도록 도와줍니다.

"What does the forest represent in the story?"
"Why do you think the author chose that setting?"

5. 하나의 질문으로 여러 장면을 연결해보세요.

→ 이야기를 단편적으로 보지 않고 전체 흐름을 통찰하는 힘을 길러줍니다.

"How did the character change from the beginning to the end? What caused that change?"

7.
말하지 않아도 느껴지는 감정
– 감정을 읽는 리딩의 힘

"왜 이 장면에서 주인공이 울었을까요?"
"이 캐릭터는 정말 화가 난 걸까요, 겁을 먹은 걸까요?"
"이 말투는 진심일까요, 비꼬는 걸까요?"

영어책을 읽을 때 가장 어려운 순간은, 단어를 몰라서가 아니라 '감정을 알아
채기 힘들 때'입니다. 특히 뉴베리 수상작처럼 문학적 깊이가 있는 책은 인물
의 마음을 직접 설명하지 않습니다. 묘사, 행동, 대사 속에 감정을 숨겨놓는
경우가 많습니다. 그래서 단순한 직독직해만으로는 진짜 의미를 놓치기 쉽습
니다. 이 '감정을 읽는 힘'이야말로 영어 독해력의 핵심입니다.

말보다 마음, 감정은 어디에 숨을까?
아래 문장을 읽어보세요.

He looked down, his hands trembling.
"I'm fine," he whispered.

이 문장만 보면, 인물은 "괜찮다."라고 말하고 있습니다. 그런데 정말 괜찮을
까요? 손이 떨리고, 속삭이는 말투는 '괜찮지 않다'는 감정을 보여줍니다. 이

처럼 감정은 대사보다 묘사와 상황에 더 많이 담겨 있습니다. 감정을 읽으려면 '무엇을 말했는가.'보다 '어떻게 말했는가.'에 주목해야 합니다.

감정을 읽는 세 가지 방법

1. 대사와 말투를 읽는다

말의 내용뿐 아니라, 말하는 방식에 주목하세요. 속삭이는지, 외치는지, 망설이는지에 따라 감정이 달라집니다. "Leave me alone!"은 분노이지만, "Could you… maybe… just go?"는 두려움이나 불안일 수 있습니다.

2. 행동과 묘사를 관찰한다

인물의 몸짓이나 눈빛, 표정, 자세를 주의 깊게 보세요. "그는 눈을 피하며 고개를 숙였다."는 묘사는 죄책감이나 불편함을 말해줍니다. 행동은 말보다 솔직한 감정의 표현일 수 있습니다.

3. 상황과 맥락을 이해한다

동일한 대사도 상황에 따라 감정이 달라질 수 있습니다. 친구가 무관심하게 "Good job"이라고 말했을 때, 칭찬일 수도 있고, 그렇지 않을 수도 있습니다. 앞뒤 맥락과 인물 관계를 함께 고려해야 합니다.

뉴베리 책 속에서 감정 읽기

『The One and Only Ivan』

이 책의 주인공 Ivan은 말하는 고릴라지만, 감정을 소리 내어 표현하지 않습니다. 하지만 작은 행동 하나하나, 그림을 그리는 손짓, Ruby를 지켜보는 눈빛 속에 슬픔, 책임감, 희망이 고스란히 담겨 있습니다. Ivan은 말보다 마음으로 읽어야 이해되는 캐릭터입니다.

감정 독해 훈련, 어떻게 할까?

1. 감정 단어장을 만들어 보세요

슬픔(sadness), 분노(anger), 안도(relief), 초조함(anxiety) 같은 감정 단어를 정리해보세요.

책을 읽을 때 해당 감정이 나오는 장면을 표시해보세요. 표현력과 어휘력이 함께 늘어납니다.

2. '말투 바꾸기' 활동을 해보세요

같은 대사를 다른 감정으로 표현하면 어떨까요?

"I didn't mean to."를 다음과 같이 생각해보면 감정의 미묘한 차이를 이해할 수 있습니다.

1) 죄송한 말투
2) 화가 난 말투
3) 당황한 말투

3. 감정 일기 쓰기

책 속 장면을 주인공의 감정 입장에서 일기 형식으로 써보세요.

"오늘 Ruby가 나에게 기대어 잠들었다. 마음이 아프면서도, 왠지 안심이 됐다."

이런 활동은 감정을 내 언어로 정리하는 데 탁월합니다.

감정을 읽는 독자는 깊게 연결됩니다.

영어책을 단어로만 읽는 아이와, 인물의 감정까지 느끼며 읽는 아이의 독해

력은 다를 수밖에 없습니다. 감정 읽기는 단순한 기술이 아니라 공감하고 연결하는 능력입니다. 그리고 이 능력은 글쓰기, 토론, 발표 등 학습 전반에 강력한 힘이 됩니다.

8.
텍스트와 나, 세상을 연결하는 독서법

"이 책, 내 이야기 같았어요."
"주인공이 느낀 게 저랑 똑같았어요."
"이 장면 보니까 전에 봤던 영화 생각났어요."
이런 말이 나올 때, 독서는 비로소 진짜 '나의 것'이 됩니다.

연결 독서란 무엇일까요?

연결 독서란, 책의 내용을 자신만의 방식으로 해석하는 것입니다. 삶의 경험 · 다른 책 · 세상과 이어보는 활동입니다. 단순히 "무슨 일이 있었는가."를 아는 것이 아닙니다. "그게 왜 나에게 중요할까?"를 묻는 독서입니다. 이 연결은 다음 세 가지 방향으로 이루어질 수 있습니다:

1. 텍스트와 나 자신(Text-to-Self)
책 속 이야기가 내 경험과 연결될 때, 아이들은 감정적으로 몰입하게 됩니다. 이처럼 공감은 독해력을 감정의 깊이로 끌어올려줍니다.

2. 텍스트와 다른 책(Text-to-Text)
비슷한 주제, 장면, 캐릭터를 다른 책에서 떠올리는 연결입니다. 이런 연결을 통해 아이는 이야기가 전개되는 방식과 작가가 전하려는 메시지를 자연스럽게 이해할 수 있습니다.

3. 텍스트와 세상(Text-to-World)
책의 내용을 세상과 연결할 때, 아이의 시야가 넓어집니다.
이 경험은 아이에게 비판적 사고, 사회적 관심, 토론의 바탕이 되어줍니다.

뉴베리 책 속 연결 예시
『Inside Out and Back Again』
– 베트남 난민인 주인공의 시선을 통해 이민자의 감정을 이해하게 됩니다.
읽은 뒤, "내가 낯선 곳에 가야 한다면 어떤 기분일까?"라고 스스로 질문하게
됩니다.

『Bridge to Terabithia』
– 상상의 세계를 만들어 슬픔을 이겨내는 이야기는 다른 작품에서도 찾아볼
수 있습니다. 예를 들어, 『Flora & Ulysses』에서는 Flora가 슈퍼히어로로 다
람쥐와의 모험을 통해 외로움과 가족 문제를 극복합니다. 두 이야기 모두 주
인공이 현실의 아픔 속에서도 상상과 특별한 관계를 통해 감정을 치유해 나
가는 과정을 보여줍니다. 이러한 연결은 학생이 두 작품의 주제와 구조를 비
교하며, 이야기가 전달하는 메시지를 더 깊이 이해하도록 돕습니다.

『The View from Saturday』
– 서로 다른 배경을 가진 친구들이 하나의 팀이 되어 성장하는 이야기입니
다. 우리 반, 우리 학교, 사회 속 '다양성'과 연결하며 읽을 수 있습니다.

연결 독서를 위한 활동 팁

1. 연결 마인드맵 그리기

책 중앙에 써 놓고, 왼쪽은 '내 경험', 오른쪽은 '비슷한 이야기', 아래는 '세상의 일'로 가지를 뻗어 연결해 봅니다.

2. 장면을 다른 결말로 바꿔 쓰기

이야기 속 인상 깊었던 장면을 선택해, 만약 그 장면이 다르게 전개됐다면 어떻게 되었을지 상상하며 짧게 써 봅니다. 주인공이 다른 선택을 했다면 어떤 결말이 되었을지, 혹은 인물이 새로운 대사를 했다면 상황이 어떻게 바뀌었을지를 상상하는 식입니다. 이렇게 하면 학생이 이야기 구조를 더 잘 이해하고, 창의적으로 내용을 확장할 수 있습니다.

9.
읽고 끝나지 않는 독서
– 토론과 글쓰기로 확장하기

"책을 다 읽었어요."
"그래서, 이제 뭐 하지요?"

아이들이 책을 덮는 순간, 많은 어른들은 그걸 '끝'이라 생각합니다. 진짜 독서는 그다음이 시작입니다. 읽은 책을 바탕으로 생각을 말로 표현하고, 글로 정리하는 과정이야말로 문해력의 마무리이자 완성입니다.

읽기 이후 활동이 중요한 이유

책을 읽고 끝나는 독서는 '입력'에 그칩니다.
하지만 토론하거나 글을 쓰는 활동은 그 내용을 '자신의 언어로 다시 구성'하는 단계입니다. 이 과정을 통해 아이들은 다음과 같은 능력을 키울 수 있습니다. 표현 활동은 독서 후 사고력, 의사소통 능력, 비판적 사고까지 아우르는 핵심 훈련입니다.

Step 1. 토론 – 생각을 말하며 확장하기

토론은 독서를 '혼자만의 경험'에서 '함께 나누는 경험'으로 바꾸어 줍니다. 아이들은 같은 책을 읽고도 전혀 다른 감정과 생각을 가집니다. 이 차이를 말로 나누는 과정이 바로 토론입니다.

Step 2. 글쓰기 – 읽은 책을 나의 언어로 정리하기

독서 후 글쓰기는 단순한 감상문이 아닙니다. 중요한 것은 '기억을 기록하는 글'이 아니라 '생각을 표현하는 글'입니다. 아이들이 쓸 수 있는 글의 종류는 다양합니다.

표현 훈련은 독서의 종착지이자 출발점

'말'과 '글'은 우리가 생각을 밖으로 꺼내는 도구입니다. 책 속 인물과 사건을 통해 느낀 감정, 떠오른 질문들이 토론과 글쓰기를 통해 형태를 갖추고 의미가 됩니다. 아이들은 토론하며 새로운 관점을 배웁니다. 글을 쓰며 나만의 언어로 삶을 정리하게 됩니다. 이 모든 과정은 '읽기' 그 자체를 훨씬 더 깊고 단단하게 만들어 줍니다.

    초등 영어 읽기, 뉴베리로 끝

10.
꾸준히 읽는 아이는 다르다
– 습관 만들기와 저널 가이드

"책이 좋다는 건 알지만, 아이가 끝까지 읽지 않아요."
"하루 이틀 하다가 금세 그만둬요."

영어 원서를 학교나 학원에서만 읽는 것으로 한정하면, 읽기 습관은 쉽게 끊기고 책은 '과제'가 되어버립니다. 반대로 가정에서 자연스럽게 원서를 접하는 분위기가 만들어지면, 아이는 영어책을 부담 없이 즐길 수 있고, 영어가 '일상 속 언어'로 자리 잡을 수 있습니다.

영어책 읽기, 가정에서 시작하는 이유

1. 지속성과 정서적 안정감

하루 10~15분의 짧은 시간이라도 매일 꾸준히 읽으면 아이의 독해력과 어휘력이 차곡차곡 쌓입니다. 무엇보다 부모와 함께하는 독서는 아이에게 안정감을 줍니다.

2. 관심과 대화의 시작점

책 속 이야기, 등장인물, 감정 변화를 이야기하면서 자연스럽게 아이와의 소통이 깊어집니다. 특히 감정이 복잡한 시기의 아이일수록, 책을 매개로 나누는 대화는 큰 힘이 됩니다.

3. 자연스러운 영어 노출

읽기를 통한 반복 노출은 문장 구조와 어휘에 익숙해지게 합니다. 영어 문장의 뼈대를 자연스럽게 체득할 수 있습니다.

하루 15분 영어책 읽기 루틴

1단계. 루틴 정하기 - 언제, 어디서, 어떻게 읽을지 정하기

시간: 아침 식사 후, 자기 전, 학교 숙제 마무리 후 등 하루 일정에 고정하기 쉬운 시간대

장소: 거실 소파, 아이 방 책상, 거실 한쪽의 작은 독서 코너 등 조용하고 편안한 곳

방식:

혼자 읽고 나중에 내용 나누기

부모가 읽어주기(Read-aloud)

교대로 한 문단씩 소리 내어 읽기(Echo reading)

> **Tip**
>
> 읽기 루틴은 무조건 아이 주도로 시작하지 않아도 됩니다. 처음에는 부모가 함께 읽고, 점차 아이가 스스로 읽는 시간으로 넓혀 가면 됩니다.

2단계. 책 고르기 - 관심과 수준에 맞는 원서 선택하기

뉴베리 수상작처럼 깊이 있고 감정적으로 연결되는 책을 선택하면 독서의 질이 높아집니다.

한 번 선택한 책을 끝까지 읽는 것이 이상적이지만, 아이가 흥미를 잃는다면 중간에 다른 책으로 바꿔도 괜찮습니다. 완독보다 중요한 것은 '계속 읽는 경험'입니다.

3단계. 책 내용에 대해 자연스럽게 대화 나누기

책을 다 읽지 않아도 괜찮습니다. 하루 한 챕터 뒤, 이런 질문으로 대화를 나눠보세요.

"오늘 읽은 장면에서 가장 인상 깊었던 건 뭐였어?"
"주인공이 슬펐던 것 같아. 왜 그런 기분이 들었을까?"
"우리 생활에서도 비슷한 상황이 있었을까?"

이렇게 대화하면 아이는 내용을 요약하고 감정을 정리하며 사고를 확장할 수 있습니다.

4단계. 기록 남기기 - 간단한 독서 기록으로 꾸준함 확인하기

읽은 날, 분량, 한 줄 느낌을 적으면 성취감을 높일 수 있습니다.

예시 기록

날짜: 7월 21일

읽은 범위: 『Charlotte's Web』 Chapter 4

오늘의 느낌: "Wilbur가 혼자 외로움에 지쳐가는 모습이 마음에 오래 남았다. 친구를 간절히 원하는 마음이 전해져서 나도 같이 속상했고, 누군가 곁에 있어 주는 게 얼마나 큰 힘이 되는지 다시 생각하게 되었다."

5단계. 가정 활동 연결 – 책과 연계한 소소한 활동하기

좋아하는 문장 소리 내어 읽기: 마음에 남은 문장을 읽고 이유 말하기

나만의 책 표지 새로 만들기: 책의 내용과 주제를 떠올리며 새로운 표지 디자인하기

책 속 물건 그리기: 이야기에서 중요한 물건이나 동물을 간단히 그림으로 표현하기

다음 장면 예상하기: 다음에 무슨 일이 일어날지 한두 문장으로 적기

이런 활동은 아이의 감정 이입과 상상력을 자극하고, 책과의 연결을 오래 유지시켜줍니다.

영어에 자신 없는 부모님도 실천할 수 있습니다 영어 원서를 함께 읽는다고 해서 모든 단어를 해석할 필요는 없습니다. 중요한 것은 책을 함께하는 시간입니다. 모르는 단어가 나와도 "이건 무슨 뜻일까?" 하고 추측하거나 사전을 함께 찾아보는 것만으로도 훌륭한 학습이 됩니다.아이가 읽는 모습을 지켜보며 "이 책 재미있어 보인다." 하고 반응하는 것만으로도 독서 분위기는 달라집니다.

영어책 읽기를 가정의 일상으로 만들기 위해 필요한 것은 **완벽한 영어 실력**이 아니라 **꾸준한 시간과 따뜻한 관심**입니다. 뉴베리 수상작처럼 의미 있고 감정이 풍부한 책을 아이와 함께 천천히 읽어보세요. 단어 하나하나보다 더 큰 것을 얻게 됩니다.

이야기 구조로 이해하기

줄거리, 인물, 배경을 읽는 힘

1.

친구가 생기자 멈춰 있던 이야기가 움직이기 시작했어요

『Because of Winn-Dixie』

선생님: "여러분은 이사를 가 본 적이 있나요? 새로운 학교나 동네로 옮겼을 때, 어땠나요?"

유　정: "친구가 하나도 없어서 무서웠어요."

지　원: "말 걸기도 어렵고, 점심시간이 제일 싫었어요."

낯선 곳에서의 생활은 누구에게나 긴장되고 외롭습니다. 그런 순간, 나를 있는 그대로 받아주는 누군가가 곁에 있다면 어떨까요? 그 존재 하나만으로도 마음이 훨씬 따뜻해집니다. 세상이 조금 덜 낯설게 느껴질 것입니다. 『Because of Winn-Dixie』는 바로 그런 이야기입니다. 외롭게 지내던 한 소녀가 유기견과 만나며 주변 사람들과 마음을 열고, 관계를 통해 스스로를 치유해 가는 과정을 담고 있습니다. 이 책에는 극적인 사건이나 거대한 위기가 등장하지 않습니다. 대신, 아주 작고 평범한 만남들이 차곡차곡 쌓이면서 이야기를 움직입니다.

줄거리 요약

주인공 Opal은 아빠와 함께 낯선 도시 Naomi로 이사 온 지 얼마 되지 않은 열 살 소녀입니다. 엄마가 떠난 상처가 있는 Opal은 어느 날 슈퍼마켓에서 말썽을 부리던 유기견을 만나게 됩니다. Winn-Dixie는 Opal이 주변 사람들에게 마음을 열고 친구가 되는 계기가 되어 줍니다. Miss Franny, Otis, Gloria Dump 등 개성 넘치는 인물들이 Opal의 삶에 들어옵니다. Opal은 이들과의 만남을 통해 세상을 조금씩 이해해 갑니다. Opal은 삶의 공허함을 Winn-Dixie와 새로운 친구들 속에서 채워나가게 됩니다.

이야기 구조 포인트 분석

1. 도입 - 새로운 장소, 외로운 아이

이야기는 Opal이 아빠와 함께 Naomi로 이사를 오면서 시작됩니다. Opal은 엄마의 부재와 친구가 없는 현실 속에서 외로움과 분노를 품고 있습니다.

2. 전개 - Winn-Dixie의 등장

슈퍼마켓에서 유기견과의 우연한 만남은 이야기를 본격적으로 전개시키는 열쇠입니다. Winn-Dixie는 Opal에게 처음으로 '용기'를 갖고 다가갈 수 있는 존재가 됩니다.

3. 위기 - 상실과 두려움의 그림자

Opal은 엄마가 자신을 왜 떠났는지 알지 못하고 있습니다. Winn-Dixie가 사라질 뻔한 사건은 그녀의 상실감을 되살아나게 만듭니다.

4. 절정 - 진짜 가족에 관한 이해

아빠와의 대화를 통해 Opal은 엄마가 돌아오지 않을 수도 있다는 사실을 받아들입니다. 아빠와 다시 가까워지며 관계의 회복을 경험합니다.

5. 결말 - 관계로 완성된 새로운 삶

Opal은 주변 사람들과의 관계 속에서 따뜻함과 소속감을 느낍니다. Naomi가 더 이상 낯선 곳이 아님을 깨닫습니다.

독해 포인트 제안

관계의 중심에서 이야기를 읽기

이 책은 '갈등 해결'보다 '관계 형성'이 핵심입니다. 사건보다는 Opal이 누구와 어떤 대화를 나누며 어떻게 변해 가는지에 집중해 보세요.

1. Winn-Dixie의 상징적 역할

Winn-Dixie는 단순한 반려견이 아닙니다. Opal과 타인을 이어주는 '다리' 역할을 하죠. 어떤 순간에, 어떤 사람들과의 관계에서 그 다리 역할을 하는지 찾아보세요.

2. 등장인물의 외로움과 회복

Opal뿐 아니라 Miss Franny, Gloria, Otis 등 등장인물 모두가 외로움과 상처를 가진 사람들입니다. 그들이 어떻게 변화하는지를 관찰해 봅니다. Opal과의 관계 속에서 회복의 실마리를 찾는 과정을 읽어보세요.

고난도 독해 질문

1. Opal은 왜 Winn-Dixie에게 그토록 빠르게 마음을 열었을까요?
2. Winn-Dixie는 Opal에게 어떤 존재였을까요?
3. Opal과 주변 사람들(Gloria, Otis, Miss Franny)의 관계는 어떻게 시작되고 어떻게 변해갔나요?
4. Winn-Dixie가 사라졌다고 생각한 순간, Opal은 어떤 감정을 경험했나요? 그 사건은 이야기 전체에서 어떤 의미를 가졌을까요?
5. 엄마가 남긴 빈자리를 Opal은 어떻게 받아들이게 되었나요? Opal의 감정은 이야기의 시작과 끝에서 어떻게 달라졌나요?

활동 아이디어

1. 관계 지도 만들기

Opal을 중심으로 이야기에 나오는 인물들과의 관계를 그림으로 정리해보세요. 각 인물과 어떤 감정을 주고받았는지를 색이나 선의 두께로 표현해 보세요. 이야기 구조가 훨씬 입체적으로 이해됩니다.

2. 내가 고마운 존재에게 편지 쓰기

Winn-Dixie처럼 나에게 의미 있는 존재가 있다면, 그 존재에게 편지를 써보세요. 고마운 기억을 떠올리고, 지금 하고 싶은 말을 담아 써보는 활동입니다.

3. 등장인물 인터뷰하기

Otis 또는 Miss Franny가 된 것처럼 인터뷰 질문지를 만들고, 그 인물로서 대답해보세요. "왜 음악을 연주하나요?", "왜 도서관에서 혼자 있기를 좋아하나요?" 같은 질문을 통해 인물의 성격과 감정을 깊이 이해할 수 있습니다.

『Because of Winn-Dixie』는 사건이 아닌 관계로 움직이는 이야기입니다. 누군가와 마음을 나누고, 서로를 이해하고, 함께 성장해가는 과정을 보여줍니다. 이 책을 읽으며 우리는 "좋은 이야기란 결국 좋은 관계가 만든다."는 사실을 다시금 확인하게 됩니다.

Reading the Story Inside Out

1. Understanding the Story Flow

A. Put the story events in the correct order.

1) Opal meets a dog at the supermarket and names him Winn-Dixie.

2) A thunderstorm hits, and Opal thinks she lost Winn-Dixie.

3) Opal makes new friends in the town.

4) Winn-Dixie is found, and Opal feels closer to her dad and others.

Order: ________ → ________ → ________ → ________

B. Write short notes for each story stage.

Story Stage	What happens?
Beginning	
Rising Action	
Climax	
Ending	

C. What was the most memorable moment? Why?

____

____

2. Story Structure Quiz

A. Fill in the blanks with the right story stage.

(Choose from: Beginning, Rising Action, Climax, Ending)

Opal meets Winn-Dixie. → ___________________.

Opal makes friends with new people. → ___________________.

A storm comes and Winn-Dixie disappears. → ___________________.

Everyone finds Winn-Dixie again. → ___________________.

3. My Own Story Structure

A. Write a small event from your day using story structure.

Story Stage	My Daily Story
Beginning	
Rising Action	
Climax	
Ending	

B. Why do you still remember this moment?

____

____

C. Imagine Winn-Dixie was with you in that moment. What would have happened?

____

____

4. Writing Prompt − "If I Were in the Story"

A. Choose one scene from Because of Winn-Dixie that you really liked.

B. Imagine you were there with Opal and Winn-Dixie. What would you do or say?

____

____

C. How might your action change the story?

____

____

2.

배경이 감정과 사건을 이끄는 힘

『Charlotte's Web』

우리 모두에게는 마음이 쉬는 공간이 있습니다. 『Charlotte's Web』에는 그런 공간이 등장합니다. 바로 '헛간'입니다. 처음에는 낯설고 외로웠던 헛간이, 시간이 지나며 따뜻한 감정과 추억이 쌓이는 장소로 변합니다. 이 작품은 돼지와 거미의 우정 이야기입니다. 하지만 이야기의 진짜 울림은 그 우정이 피어나는 '공간'이 주는 감정 변화에 있습니다.

줄거리 요약

Wilbur는 태어난 지 얼마 되지 않아 도살당할 위기에 처한 아기 돼지입니다. 하지만 소녀 Fern이 그를 구해줍니다. 그 후, Wilbur는 삼촌의 농장 헛간으로 옮겨집니다. 처음엔 외롭고 겁 많은 돼지였던 Wilbur는, 헛간에서 동물 친구들과 만나게 됩니다. 무엇보다도 거미 Charlotte와 특별한 우정을 나누게 됩니다. Charlotte는 Wilbur가 죽지 않도록 거미줄에 단어를 짜 넣는 기적 같은 행동을 통해 세상의 관심을 끌어냅니다. 이야기의 대부분이 펼쳐지는 '헛간'은 단순한 배경을 넘어 Wilbur의 감정 변화와 성장의 공간이 됩니다.

이야기 구조 포인트 분석

『Charlotte's Web』에서 헛간은 단순한 배경이 아닙니다. 이야기의 전개와 주인공 Wilbur의 감정 변화를 함께 보여주는 중요한 구조적 장치입니다. 이야기 흐름 속에서 헛간이 어떤 의미로 변화하는지를 살펴보세요. 독자가 주제와 감정에 더욱 깊이 공감할 수 있습니다.

1. 도입부 - 낯설고 외로운 공간

Wilbur가 처음 헛간에 왔을 때, 그는 외롭고 두려움을 느낍니다. 익숙하지 않은 환경과 낯선 동물들, 그리고 아무도 자신과 놀아주지 않는 현실은 헛간을 '차갑고 외로운 공간'으로 인식하게 만듭니다. 이 시기는 Wilbur의 감정이 바닥에 머물러 있는 이야기의 출발점입니다.

2. 중반부 - 관계의 시작과 공간의 변화

Charlotte를 만나고, 그녀가 "Some Pig"라는 글귀를 만들면서 상황이 달라집니다. Wilbur는 자신이 특별한 존재라는 인정을 받기 시작합니다. 주변 동물들과도 유대가 생깁니다.

이때부터 헛간은 더 이상 외로운 곳이 아닙니다. 따뜻함과 연결을 느낄 수 있는 공간으로 변화합니다. 이 장면은 이야기 구조상 중요한 전환점이자 Wilbur의 성장을 가능하게 만드는 기반이 됩니다.

3. 후반부 - 사랑과 추억의 공간

시간이 흐르면서 헛간은 Wilbur에게 '가족'이자 '집'이 됩니다. Charlotte와의 이별 후, Wilbur는 그곳에서 그녀의 알을 지킵니다. 생명을 이어가는 역할을 맡습니다. 이 과정에서 헛간은 단순한 장소를 넘어, 사랑과 추억이 깃든 감정의 공간으로 완성됩니다.

독해 포인트 제안

헛간의 정서적 변화 따라가기

『Charlotte's Web』은 단순한 동물 이야기처럼 보이지만, Wilbur의 감정이 머무는 공간, 헛간의 분위기가 그 감정을 대변합니다. 이야기 전반에서 헛간이 어떻게 변화하는지 관찰해 보세요.

1. 장소가 인물의 성장을 돕는 방식

헛간이라는 공간 안에서 Wilbur는 처음엔 약하고 의존적입니다. 그러나 Charlotte와의 관계를 통해 성장합니다. 그 변화가 어떻게 배경과 연결되는지 찾아보세요.

2. 헛간의 상징성 찾기

이야기 마지막에서 Wilbur에게 헛간은 어떤 의미로 남았을까요? 단순한 동물의 보금자리 이상으로, 사랑과 우정, 그리고 기억이 담긴 장소가 되었음을 느껴보세요.

고난도 독해 질문

1. Wilbur는 헛간에 처음 도착했을 때 어떤 기분이었고, 그 이유는 무엇인가요?
2. Charlotte는 Wilbur에게 어떤 감정적 영향을 주었나요?
3. "Some Pig"이라는 문장이 Wilbur에게 어떤 의미였을까요?
4. 이야기 속에서 헛간은 어떤 식으로 변화하나요?
5. Charlotte가 죽은 이후 Wilbur는 헛간에서 무엇을 느꼈을까요?
6. 헛간이라는 공간이 이야기 전체에서 상징하는 것은 무엇일까요?

활동 아이디어

1. 감정 변화 타임라인 그리기

Wilbur의 감정이 헛간의 분위기와 어떻게 연결되는지 시각적으로 정리해 보세요.

장면	Wilbur의 감정	헛간의 분위기
처음 헛간에 왔을 때	외로움, 불안	차갑고 침침함
Charlotte와 친해진 후	안정감, 희망	따뜻하고 생기 있음
"Some Pig" 메시지가 뜬 후	자부심, 기쁨	밝고 활기찬 공간
Charlotte가 죽은 후	슬픔, 감사	조용하고 추억 가득한 공간

2. 내가 아끼는 공간 그리기

Wilbur에게 헛간이 그랬듯, 여러분에게도 마음이 편해지는 공간이 있나요? 그 공간을 그리고 이유를 써보세요.

3. 헛간에 편지 쓰기

Wilbur의 입장에서 헛간에게 편지를 써보세요. "너는 나에게 어떤 공간이었는지"를 담아봅니다.

『Charlotte's Web』은 거미와 돼지의 우정 이야기인 동시에, 공간이 인물의 감정에 얼마나 큰 영향을 줄 수 있는지를 보여주는 작품입니다. 읽는 독자 역시 헛간의 분위기를 통해 Wilbur의 마음을 함께 느끼게 됩니다. Charlotte의 마지막 희생은 우리에게 조용한 감동을 남깁니다. '배경'을 보는 눈이 달라지면, 이야기는 훨씬 더 깊게 다가옵니다.

Reading the Story Inside Out

1. Understanding the Story Structure

A. What was Wilbur's first impression of the barn?

____

____

B. What changes after Wilbur meets Charlotte?

____

____

C. How does Wilbur's feeling toward the barn change by the end of the story?

____

____

2. Track the Barn's Emotional Journey

Scene	Wilbur's Emotion	Atmosphere
When Wilbur first came to the barn		
After becoming friends with Charlotte		
After the "Some Pig" message		
After Charlotte's death		

3. Symbolism and Deep Reading

A. What do you think the barn symbolizes in the story?

____

____

B. How does Charlotte's message "Some Pig" affect Wilbur's identity?

____

____

C. What does Wilbur learn about love and friendship through Charlotte?

____

____

4. Writing Activity

A. Draw and describe your own "comfort space."

 초등 영어 읽기, 뉴베리로 끝

B. Write a letter to the barn as Wilbur.

Dear Barn,

____

____

____

____

____

____

____

____

____

Love, Wilbur

3.

처음과 끝을 비교하면 인물이 보입니다

『Sarah, Plain and Tall』

선생님: "혹시 너희 집에 처음 보는 사람이 잠깐 놀러 오거나 머물게 된 적 있어? 그럴 때 어떤 기분이 들었어?"

유 준: "저는 좀 낯설고 무서웠어요. 어떤 사람인지 모르니까 불편했어요."

지 유: "저는 기대됐어요."

선생님: "그래, 다들 다른 감정을 느꼈구나. 낯선 사람을 만날 때는 설렘도 있고, 동시에 걱정도 생기기 마련이야.
만약 그 사람이 잠깐 머무는 게 아니라, 앞으로 우리와 함께 지내야 한다면 어땠을까?"

유 준: "그럼 더 불안했을 것 같아요. 진짜 가족처럼 잘 지낼 수 있을지 걱정될 것 같아요."

지 유: "저는 좋은 사람이면 금방 친해질 수 있을 것 같아요."

선생님: "맞아. 새로운 사람이 가족이 된다는 건 기대도 되지만, 마음속에 많은 생각이 드는 일이야. "과연 이 사람이 우리 가족이 될 수 있을까?" 하는 질문도 자연스럽게 따라오지. 오늘 함께 읽을 『Sarah, Plain and Tall』은 그런 낯섦에서 시작해, 조용하고 섬세하게 '가족이 되어 가는 이야기'를 그린 작품이야. 특별한 사건 없이도, 마음이 조금씩 열리고, 서로를 이해해 가며 가족이 되어 가는 과정을 따라가 볼 수 있어."

줄거리 요약

이야기는 엄마를 잃은 뒤, 아빠 Jacob과 함께 조용히 살아가는 남매 Caleb과 Anna의 일상으로 시작됩니다. 아이들은 시간이 흐르며 엄마의 부재에 익숙해졌지만, 마음속 빈자리는 여전히 그대로입니다. 그러던 어느 날, 아이들과 아버지는 신문 광고를 통해 Sarah를 만나게 됩니다. Sarah는 바다와 친숙한 삶을 살던 사람이었습니다. Sarah는 새로운 땅과 사람들 앞에서 조심스럽게 행동했습니다. 하지만 Caleb과 Anna는 조금씩 그녀에게 다가갔습니다. Sarah도 아이들과 시간을 보내며 마음을 열기 시작했습니다. 그래도 그녀 마음속에는 여전히 고향 바다에 대한 그리움이 남아 있었습니다. 아이들은 혹시 Sarah가 떠날까 봐 걱정했습니다. 어느 날, Sarah는 말을 타고 혼자 마을에 다녀왔습니다. Caleb과 Anna는 혹시 그녀가 돌아오지 않을까 봐 불안해졌습니다. 곧 Sarah는 집으로 돌아와 조용히 말했습니다. "이곳이 바로 내가 있어야 할 곳이야."

이야기 구조 포인트 분석

이야기의 흐름은 다섯 단계로 나눌 수 있습니다. 각 단계에서 인물들의 감정이 어떻게 변해 가는지 함께 살펴보세요. 이야기를 더 깊이 이해할 수 있습니다.

1. 도입

Caleb과 Anna는 엄마를 잃은 뒤 정서적으로 공허한 삶을 살아가고 있습니다. 새로 올 사람에 대한 기대와 두려움이 동시에 존재합니다.

2. 전개

Sarah가 평원에 도착해 가족과 함께 지내기 시작합니다. 그녀는 낯선 환경에 긴장하면서도, 아이들과 함께하며 호기심과 그리움을 느낍니다.

3. 위기

Sarah가 말을 타고 혼자 외출하자, 아이들은 그녀가 돌아오지 않을까 봐 불안에 휩싸입니다. 이 장면은 서로의 관계가 시험받는 순간이기도 합니다.

4. 절정

Sarah는 조용히 돌아와 이렇게 말합니다.

"나는 집에 있었어요."

여기서 '집'은 단순한 건물이 아니라, 그녀가 마음을 둘 곳이자 함께 살고 싶은 사람들을 의미합니다. 이 말은 Sarah가 이제 이곳과 이 가족을 자신의 진짜 집과 가족으로 받아들이기로 마음을 정했다는 중요한 순간입니다.

5. 결말

Sarah는 이제 이 가족의 일부가 되었고, 이야기는 정서적 안정과 소속감 속에서 마무리됩니다.

독해 포인트 제안

1. Sarah의 감정 따라가기

Sarah가 어떤 감정의 흐름을 겪었는지 순서대로 정리해 보세요. 그녀의 마음이 어떤 과정을 거쳐 '가족'을 선택하게 되었는지 주목해 보세요.

2. Caleb과 Anna의 변화 살펴보기

이야기 초반과 마지막에서 Caleb과 Anna는 어떻게 달라졌나요? 그 변화 속에서 '엄마의 빈자리'가 어떻게 채워졌는지 생각해 봅시다.

3. 바다 vs 평원

Sarah가 그리워하는 바다와 지금 사는 평원의 차이를 비교해 보세요. 두 장소는 단지 배경이 아니라, Sarah의 마음을 나타내는 상징입니다.

고난도 독해 질문

1. Sarah는 처음 평원에 도착했을 때 어떤 기분이었고, 그 이유는 무엇인가 요?
2. Sarah가 바다를 그리워하는 마음은 그녀의 결정에 어떤 영향을 주었나요?
3. 아이들이 Sarah가 떠날까 봐 두려워한 장면은 왜 중요한가요?
4. Sarah가 "나는 집에 있었어."라고 말한 순간, 그녀는 이곳이 자신의 진짜 집이라는 확신과 가족이 주는 따뜻함을 느꼈을까요? 아니면 여전히 고향 에 대한 그리움이 남아 있었을까요?
5. 이야기 속에서 '가족이 된다는 것'은 어떤 의미로 그려지나요?

활동 아이디어

1. 감정 타임라인 만들기

Sarah의 감정이 어떻게 변했는지를 장면별로 정리해보세요.

처음 도착했을 때(긴장) → 아이들과 놀 때(편안함) → 외출했을 때(갈등) → 돌아왔을 때(안정감)

2. 편지 쓰기 활동

Caleb 또는 Anna가 Sarah에게 "돌아와 줘서 고마워요."라는 내용의 편지 를 쓴다면 어떤 말을 담을까요? 감정과 진심을 담아 적어보세요.

3. 비교 활동 - 바다와 평원

Sarah가 느낀 바다와 평원의 차이를 시각적으로 표현해보세요. 색깔, 소리, 감정 단어 등을 사용해도 좋아요.

『Sarah, Plain and Tall』은 마음 깊은 곳에서 울림이 느껴지는 책입니다. 크고 특별한 사건보다는, 사람들 사이의 감정 변화와 관계가 중심이 되는 이야기입니다. Sarah는 말수가 많지 않지만, 따뜻한 마음을 가진 사람입니다. 그녀가 천천히 건네는 말들과 행동이 쌓여 결국 '가족'이라는 따뜻한 울타리를 만들어 줍니다.

Reading the Story Inside Out

1. Feelings Across the Prairie

A. What were Sarah's first impressions of the Prairie?

B. Why did Sarah ask if there were dunes on the Prairie?

C. How did the children react when Sarah went to town alone? What does that show about their feelings?

D. At the end, how did Sarah's words show her emotional decision?

2. Build the Story's Shape

A. Look at the event and choose the correct stage

Beginning, Rising Action, Climax, Falling Action, or Ending.

1. Papa puts an ad in the newspaper to find a bride.

→ ______________________________

2. Sarah writes letters and then visits from Maine.

→ ______________________________

3. Sarah takes the wagon to town by herself.

→ ______________________________

4. Sarah chooses to stay, saying she belongs there.

→ ______________________________

3. Moments and Emotions

A. Complete the chart below. How did Sarah's feelings change in each scene?

Story Moment	Sarah's Feeling
Riding the wagon with Papa for the first time	
Seeing the prairie and sky	
Trying to teach the children about the sea	
Deciding to stay with the family	

4. Think About the Message

A. Why was Sarah's choice to stay a powerful moment in the story?

____

____

B. What does this story say about what makes a place feel like "home"

____

____

C. Why do you think Sarah brought seashells with her? What might they represent?

____

____

5. Write to Reflect

Choose one and write a paragraph(5-6 sentences).

Option A. **Imagine Sarah had written a diary entry the night before deciding to stay. What might she have written about her feelings and thoughts?**

Option B. **Think about something or somewhere you were unsure about at first but later came to love. What changed your mind?**

4.

단서 하나하나가 이야기를 움직여요

『Bud, Not Buddy』

선생님: "너희는 어떤 물건을 보면서 예전 기억이 떠오른 적 있어?"
수업을 시작하며 이렇게 묻자, 아이들은 웃으며 하나둘 손을 들기 시작했습니다.

수 민: "전 오래된 장난감을 보면 예전에 놀이터에서 친구들이랑 놀던 게 생각나요!"

유 정: "작년에 가족 여행 갔을 때 산 모자를 보면 그때 먹었던 아이스크림이 생각나요!"

아이들의 대답은 짧았지만 모두 자신만의 소중한 기억을 품고 있었습니다.

『Bud, Not Buddy』는 한 소년이 엄마가 남긴 물건 하나를 들고 진짜 가족을 찾으러 떠나는 이야기입니다. 이 물건이 특별한 이유는 단순한 물건이 아니라 엄마의 사랑과 기억이 담긴 단서이기 때문입니다. 이 책을 읽다 보면, 작은 물건 하나가 어떻게 '추억을 이어주는 끈'이 될 수 있는지 느낄 수 있습니다.

줄거리 요약

Bud는 어릴 적 엄마를 잃고 힘겹게 살아갑니다. 그러던 어느 날, 엄마가 남겨둔 가방 속 물건들을 정리하다가 한 장의 광고지를 발견합니다.

'Herman E. Calloway and the Dusky Devastators of the Depression!!!'이라는 재즈 밴드 이름은 Bud가 자신의 아버지를 찾기 위한 결정적인 단서가 됩니다. Bud는 직접 가방을 들고 위기를 넘기며 여정을 이어갑니다. 마침내 Bud는 Herman E. Calloway를 만나게 됩니다. 그러나 그 만남은 예상과 달랐습니다. Herman은 Bud의 아버지가 아니라, 그의 할아버지였던 것입니다. 그 반전 속에서 Bud는 진짜 가족의 의미를 깨닫고, 새로운 삶을 받아들이게 됩니다.

이야기 구조 포인트 분석

이 책의 핵심은 단서를 따라가며 자신의 삶을 스스로 만들어가는 Bud의 여정입니다. Bud는 엄마의 흔적을 붙잡고, 그것을 해석하며, 자신만의 결정을 내려 길을 걸어갑니다.

1. 출발 - 단서를 품은 소년

Bud는 엄마가 남긴 광고지, 사진 등을 보물처럼 간직합니다. 자신의 정체성과 연결고리를 찾습니다. 이 단서들은 다른 사람에게는 보잘것없는 물건일 수 있습니다. 하지만 Bud에게는 자신의 삶을 설명해줄 열쇠가 됩니다.

2. 여정 - 만남과 해석

Bud는 Hooverville에서 노숙자들과 음식을 나눕니다. Lefty Lewis라는 따뜻한 어른을 만나 도움을 받습니다. 처음에는 모든 어른을 경계하던 Bud는 여러 사람을 만나면서 사람에 대한 시선을 바꾸게 됩니다.

3. 반전 - 진실을 마주하다

마침내 도착한 Grand Rapids에서 Bud는 Herman을 만나게 됩니다. 그러나 기대했던 아버지가 아닌 낯선 노인을 마주합니다. 그러나 그가 바로 자신의 할아버지라는 진실을 알게 됩니다. 이 과정에서 Bud는 가족의 의미를 배우게 됩니다.

4. 결말 - 선택하고 성장한 Bud

Bud는 Herman의 집에서 함께 지내기로 결심합니다. 음악이라는 새로운 세계와도 연결됩니다. 이제 그는 과거에 매달리는 아이가 아닙니다. 새로운 관계와 미래를 스스로 선택할 수 있는 사람으로 성장합니다.

Bud가 '단서'를 어떻게 해석하는지를 관찰해 보세요. 그것은 단순한 물건이 아니라 Bud의 마음을 지탱해주는 상징입니다. 여정 중에 만나는 사람들과의 관계 변화에 주목해 보세요. 누가 Bud에게 영향을 주었고, 그의 생각과 감정을 어떻게 바꾸었는지를 따라가 보세요. Herman과의 관계에서 드러나는 반전이 어떻게 Bud의 정체성과 감정에 영향을 주는지도 깊이 살펴보세요.

독해 포인트 제안

단서를 따라가는 여정, 믿음으로 완성되는 성장

1. 단서의 상징적 의미 살펴보기

Bud는 엄마가 남긴 물건들을 단순한 기억이 아닌 '삶의 열쇠'로 해석합니다. 광고지, 사진 같은 단서가 Bud에게 어떤 감정과 믿음을 주었는지 생각해 보세요.

2. 거짓말 속에 담긴 생존의 전략

Bud는 여행 중 여러 번 거짓말을 합니다. 그 거짓말은 단순한 속임수가 아니라, 세상과 싸우기 위한 어린아이의 방어이자 결단임을 이해해 보세요.

3. 사람과의 만남이 만든 변화

여정 중 Bud가 만난 어른들은 모두 그의 시선과 감정에 영향을 줍니다. 특히 Lefty Lewis와의 만남은 '세상은 꼭 위험하지 않다'는 희망을 보여줍니다.

4. 반전이 만든 감정의 전환

Herman이 아버지가 아니라 할아버지라는 진실을 알게 된 순간, Bud는 큰 혼란을 겪습니다. 하지만 그 안에서 진짜 가족의 의미를 새롭게 받아들이는 과정에 주목해 보세요.

고난도 독해 질문

1. Bud는 왜 엄마가 남긴 광고지를 중요한 단서로 여겼을까요?
2. Bud는 여행 중 여러 번 거짓말을 합니다. 그 거짓말들은 그저 나쁜 행동일까요, 아니면 생존을 위한 방법일까요?
3. Lefty는 Bud에게 어떤 영향을 주었나요? 그를 통해 Bud가 배운 삶의 태도는 무엇이었나요?
4. Herman과의 관계가 예상과 달랐을 때 Bud는 어떤 감정을 느꼈고, 그것을 어떻게 극복했나요?
5. Bud는 '가족'이라는 개념을 어떻게 새롭게 정의하게 되었나요? 처음과 끝의 생각이 어떻게 달라졌나요?

활동 아이디어

1. Bud의 여정 지도 만들기

Bud가 이동한 장소들을 지도처럼 정리해 보세요. 각 장소에서 누구를 만났고, 어떤 일이 있었는지를 그림과 글로 표현해 봅니다.

2. Bud의 가방 속 단서 분석하기

Bud가 소중히 여긴 물건들(돌, 광고지, 사진 등)이 어떤 의미를 갖는지 정리해 봅니다. 나에게도 그런 '의미 있는 물건'이 있는지 생각해 보세요.

3. Bud에게 편지 쓰기

Bud에게 편지를 써보세요. 그가 얼마나 자라고 강해졌는지, 어떤 점이 감동이었는지를 담아 써보는 활동입니다.

『Bud, Not Buddy』는 단서를 따라가는 모험 이야기처럼 보입니다. 하지만 사실은 한 아이가 삶의 주도권을 쥐고 '나만의 의미'를 만들어가는 성장 기록입니다. 정해진 답이 없는 상황 속에서, Bud는 믿음을 따라 선택합니다. 단서를 해석하며, 진짜 가족을 만납니다.

Reading the Story Inside Out

초등 영어 읽기, 뉴베리로 끝

1. Understanding Story Events

A. Why did Bud decide to leave the orphanage and start his journey?

____

____

B. What made the flyer about Herman E. Calloway so important to Bud?

____

____

C. How did meeting Lefty Lewis change Bud's view about adults?

____

____

D. What was Bud's reaction when he learned Herman was not his father but his grandfather?

____

____

 초등 영어 읽기, 뉴베리로 끝

E. At the end, what does Bud decide about his future with Herman and the band?

____

____

2. Story Structure – Describe the Stages

Write 1-2 sentences for each stage of the story, using your own words.

(Beginning, Rising Action, Climax, Ending)

Beginning:

____

____

Rising Action:

____

____

Climax:

____

____

Ending:

____

____

3. Character Growth — Before & After

Complete the sentences to show how Bud changes from the beginning to the end of the story.

At the beginning of the story, Bud was ________________________________

____

By the end of the story, Bud had become ________________________

____

The most important experience that helped Bud change was ____________

____

____

4. Deep Thinking — Themes and Growth

A. Why did Bud treat the flyer and other items from his mother as more than just "things"?

____

____

B. How did meeting different people change Bud's view of the world?

____

____

C. What does Bud learn about the meaning of "family" by the end of
the story?

____

____

5. Writing Prompt

Choose one and write a paragraph(5-6 sentences).

Option A. Imagine you are Bud. Write a diary entry on the day you
decided to stay with Herman and the band.

Option B. Think of a time when you followed a clue or a small piece
of information to solve a problem or reach a goal. What
happened, and how did you feel?

____

____

____

____

____

____

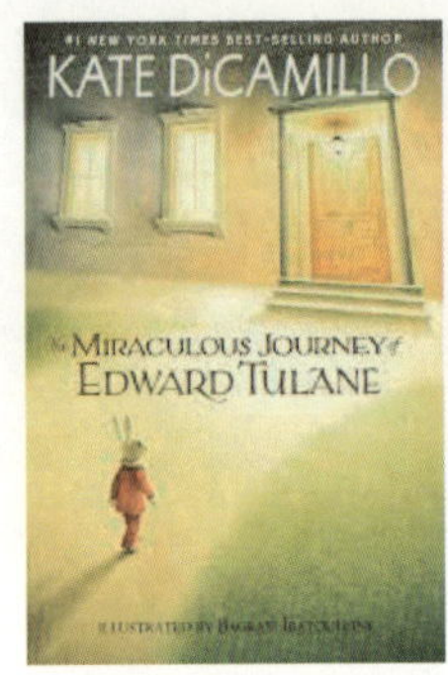

5.

새로운 만남이 주인공을 성장시켜요

『The Miraculous Journey of Edward Tulane』

선생님: "여러분은 누군가와의 짧은 만남이 오래 기억에 남았던 적 있나요?"

로　아: "네, 학교 갈 때 우산 없이 비를 맞고 있었는데 어떤 아주머니가 잠깐 같이 쓰자고 해주셨어요. 그날 기분이 정말 좋아졌어요."

율　: "저는 병원에서 만난 어떤 할아버지가 기억나요. 잠깐 기다리면서 이야기했는데, 그분이 해주신 말씀이 아직도 생각나요."

선생님: "그래요, 잘 말해줬어요. 꼭 오래 알고 지낸 사람이 아니어도, 짧은 만남이 마음에 깊은 인상을 남길 수 있답니다. 어떤 만남은 우리 생각이나 감정을 바꾸기도 하죠."

『The Miraculous Journey of Edward Tulane』는 그런 이야기를 담고 있어요. 감정을 몰랐던 도자기 토끼 Edward가 여러 사람들과 만나며 점점 변해가는 이야기랍니다.

줄거리 요약

아기 도자기 토끼 Edward는 Abilene이라는 소녀의 사랑을 받으며 시작합니다. 그러나 사고로 바다에 빠진 후 그는 수많은 사람들을 만나게 됩니다. 새로운 환경은 Edward에게 사랑, 상실, 연민, 고독, 희망을 경험하게 만들었습니다. 그 과정에서 그는 감정이란 무엇인지 조금씩 알게 됩니다. 마지막엔

Abilene과의 재회를 통해 완전한 사랑과 이해를 되찾으며 여정을 마칩니다.

이야기 구조 포인트 분석

Edward는 Abilene의 곁에 있을 때는 자신이 특별하다고 생각했습니다. 하지만 바다에 빠진 뒤, 익숙했던 모든 것이 무너집니다. 외로움과 두려움을 처음으로 느끼게 됩니다. Edward는 연민, 사랑, 그리고 슬픔 같은 새로운 감정을 배워갑니다. 장난감 가게에 오래도록 혼자 있을 땐, 아무도 자신을 찾아주지 않아 절망하고 포기할 뻔했죠. Abilene과 다시 만나며 Edward는 따뜻함과 사랑을 다시 느끼게 됩니다. 비로소 진짜 자신의 마음을 되찾습니다. Edward는 만나는 사람들 덕분에 감정을 배우게 되었습니다.

독해 포인트 제안

1. 장면별 만남이 Edward의 감정에 어떤 영향을 주는지 따라가 보기

각 등장인물과 함께한 시간에서 Edward가 어떤 감정의 변화를 겪었는지 주목합니다.

2. 반복적 구조와 감정 성장 연결하기

매번 새로운 장소에서 느끼는 감정과, 그 감정의 반복이 어떻게 Edward를 더 '감정적인 존재'로 만드는지 살펴봅니다.

3. 마지막 회복의 장면과 첫 장면 비교하기

이야기 처음에 Abilene 곁에 있었던 Edward는 어떤 마음이었을까요? 그리고 마지막에 다시 만났을 때는 어떻게 달라졌을까요? 그 변화를 비교해 보면서 Edward가 어떻게 성장했는지 알아봅니다.

고난도 독해 질문

1. Edward는 처음에 왜 Abilene 옆에 있었는데도 사랑을 느끼지 못했을까요?

2. Edward가 바다에 빠진 뒤 무엇을 잃었나요? 그 일은 그의 마음에 어떤 변화를 주었나요?

3. Edward는 병든 소녀나 부랑자와 함께 지내면서 어떤 감정을 처음으로 느꼈나요?

4. Edward가 장난감 가게에 혼자 오래 있을 때, 어떤 생각이 들었고 어떤 걸 깨달았나요?

5. Edward가 여러 사람을 만나게 된 건 어떤 의미였고, 그런 만남이 어떻게 Edward를 성장하게 만들었나요?

활동 아이디어

1. 감정 여정 타임라인 만들기

Edward가 겪은 장소(Abilene의 집 → 바다 → 부랑자 캠프 → 병든 소녀의 집 → 장난감 가게 → Abilene과의 재회)를 따라 그가 느낀 감정(고립, 연민, 절망, 회복 등)을 직접 타임라인으로 시각화해 보세요.

2. 나만의 '만남과 변화' 이야기 쓰기

일상에서 누군가를 만나서 마음이 달라졌던 순간을 떠올려 보세요. 그때 어떤 일이 있었고, 그 만남이 여러분의 기분이나 생각을 어떻게 바꿨는지 짧게 글로 써 보세요.

3. Edward에게 편지 쓰기

긴 여행을 끝낸 Edward에게 응원의 편지를 써 보세요. Edward가 어떻게 마음을 배우게 되었는지, 그리고 여러분이 가장 기억에 남는 장면은 무엇이었는지도 함께 적어 보세요.

『The Miraculous Journey of Edward Tulane』은 단순한 모험담이 아닙니다. 새로운 만남이 인물을 어떻게 성숙하게 만드는지 보여주는 성장 기록입니다. 이야기는 잃고 다시 얻는 과정을 통해 사랑과 마음의 변화를 깊이 깨닫게 합니다.

Reading the Story Inside Out

1. Comparing Characters – Who Helped Edward Grow?

Choose TWO people Edward met and compare how each helped him grow emotionally.

A. Character 1

____

____

B. Character 2

____

____

2. Emotion Journal – Write as Edward

A. Write a short journal entry from Edward's point of view after he is broken in the doll shop.

____

____

____

____

____

____

3. True or False – Understanding the Message

Read each statement and write T(True) or F(False).

A. Edward always understood the love people gave him.

→ ___________

B. Being broken helped Edward open his heart to others.

→ ___________

C. Edward never forgave the people who lost or abandoned him.

→ ___________

D. In the end, Edward became a new toy and forgot everything.

→ ___________

4. Symbol Thinking – What Does Edward Represent?

A. What might Edward, the china rabbit, symbolize in this story?

____

____

B. How does his journey reflect the emotions that real people go through in life?

____

____

5. Writing Extension – Learn from Edward's Story

Choose one and write a paragraph(5-6 sentences).

Option A. Edward was changed by pain, loss, and love. Write about a time when a difficult moment taught you something important.

Option B. Imagine Edward could speak to children today. What advice would he give about love and learning from hard times?

____

____

____

____

____

____

 초등 영어 읽기, 뉴베리로 끝

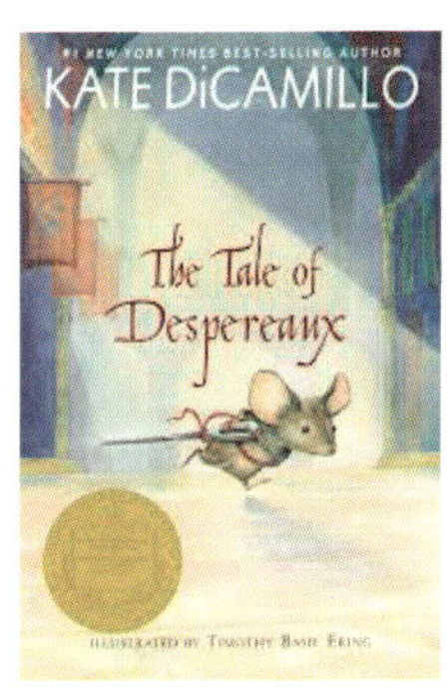

6.

여러 시선이 모여 하나의 이야기가 돼요

『The Tale of Despereaux』

어떤 책은 한 사람의 이야기만 쭉 따라갑니다. 하지만 어떤 책은 여러 사람의 이야기가 번갈아 나오면서 함께 이어지기도 합니다. 『The Tale of Despereaux』는 그런 책입니다. 이 책에는 특별한 생쥐 Despereaux를 중심으로, 쥐 Roscuro, 하녀 Miggery Sow, 그리고 공주 Pea까지 서로 다른 인물들의 이야기가 번갈아 나옵니다. 처음에는 각각 따로 흘러가는 것처럼 보이지만 읽다 보면 이야기들이 점점 하나로 연결됩니다. 그리고 마지막에는 빛과 어둠, 용기와 용서라는 큰 주제로 이어집니다. 이렇게 인물의 시선이 바뀌는 이야기를 읽다 보면, 우리도 세상을 더 다양한 눈으로 바라보는 힘을 키울 수 있습니다.

줄거리 요약

Despereaux는 귀가 아주 크고, 다른 생쥐들과 달리 겁이 없는 특별한 생쥐입니다. 인간을 사랑하게 된 Despereaux는, 생쥐들의 규칙을 어기고 인간 세계로 들어가게 됩니다. 그 일로 인해 그는 감옥에 갇히게 됩니다. 그곳에서 어둠 속에 사는 쥐 Roscuro를 만나게 됩니다. Roscuro는 원래 빛을 좋아하던 쥐였습니다. 인간 세계에서 상처를 받은 뒤 어둠에 머물며 복수를 꿈꾸게 됩니다. 이야기에는 공주 Pea와 하녀 Miggery Sow의 이야기도 함께 펼쳐집니다. Pea는 납치되고, Miggery Sow는 사랑받고 싶은 마음에 공주가 되기를 꿈꿉니다. 처음엔 서로 다른 길을 걷던 인물들이, 각자의 욕망과 감정 때문에 서로 부딪히고 갈등을 겪습니다. 하지만 결국 Despereaux의 용기와 사랑이 이 모든 갈등을 풀고 이야기를 아름답게 마무리로 이끕니다.

이야기 구조 포인트 분석

1. Despereaux의 시점 - 겁이 없고 책을 사랑하는 생쥐

Despereaux는 빛을 쫓는 존재입니다. 그는 공주를 만나고 인간의 말을 이해합니다. 사랑을 위해 생쥐 사회의 규칙을 어기게 됩니다.

2. Roscuro의 시점 - 빛에 매혹된 어둠의 쥐

쥐지만 빛을 동경하던 Roscuro는 인간 세계에서 수치심을 경험합니다. 그후, 어둠의 복수심에 사로잡힙니다. 그가 공주를 납치하게 되는 계기와 내면의 분노가 이야기의 중심 갈등을 만들어냅니다.

3. Miggery Sow의 시점 - 공주가 되고 싶던 하녀

사랑받지 못한 어린 시절을 가진 Miggery Sow는 '공주가 되고 싶다.'는 소망을 품습니다. 그녀는 Roscuro와 손을 잡고 공주를 납치하는 데 가담하지만, 이야기 후반부에서 자신의 잘못을 깨닫습니다.

4. 공주 Pea의 시점 - 용서와 이해의 여정을 걷는 인물

Pea는 자신을 납치한 Miggery Sow를 원망합니다. 그러나 그녀의 상처를 이해하며 용서를 택합니다. Pea의 용서는 이야기의 갈등을 풀어내는 열쇠입니다.

독해 포인트 제안

1. 시점 따라가기

이야기의 각 장은 누가 주인공인지 바뀌면서 진행됩니다. 각 인물의 시점을 구분해가며 이야기 흐름을 따라가 보세요.

2. 인물의 욕망과 변화 살피기

Despereaux, Roscuro, Miggery Sow 각각의 소망이 어떻게 충돌하고, 그 결과 인물이 어떻게 성장하는지 비교해보세요.

3. 용서와 이해의 메시지 파악하기

이야기의 마지막에서 인물들이 어떻게 서로를 이해하고 용서하는지 주목해 보세요.

고난도 독해 질문

1. Despereaux는 왜 쥐들의 규칙을 어기고 인간 세계에 갔을까요?
2. Roscuro는 왜 복수심에 사로잡히게 되었나요? 그의 선택은 정당했나요?
3. Miggery Sow는 왜 공주가 되고 싶어 했나요? 그녀의 선택은 결과적으로 무엇을 바꾸었나요?
4. 공주 Pea는 어떻게 Miggery Sow를 용서할 수 있었을까요?
5. 여러 시점이 바뀌는 이 이야기는 전체 주제와 메시지를 이해하는 데 어떤 도움을 주었나요?

활동 아이디어

1. 인물 시점 일기 쓰기

Despereaux, Roscuro, Miggery Sow 중 한 명이 되어 하루 동안 있었던 일을 '일기' 형식으로 써 보세요. 각자의 감정과 생각을 담아내는 것이 포인트입니다.

2. 시점 흐름 요약하기

이야기의 중요한 장면들을 시간 순서대로 정리해 보세요. 각 장면에서 누가 중심 인물인지와 그 인물이 어떤 감정을 느꼈는지를 간단히 써봅니다.

3. 용서의 장면 극 만들기

이야기의 마지막에서 용서와 화해가 이루어지는 장면을 짧은 대본으로 만들어보세요. 친구들과 함께 연극처럼 발표해보세요. 인물의 감정을 표현하는 훈련이 됩니다.

『The Tale of Despereaux』는 단순한 모험 이야기가 아닙니다. 다양한 인물의 시점을 따라가며 복잡한 감정과 선택을 그려낸 이야기입니다. 독자는 그들의 마음을 번갈아 들여다보면서 '누군가의 이야기를 이해하는 힘'을 키우게 됩니다.

Reading the Story Inside Out

1. Story Moments – Cause and Effect

Match each cause with its correct effect.

Cause	Effect
A. Despereaux speaks to the princess	1. Roscuro begins to hate light and humans
B. Roscuro sees the princess laugh at him	2. Miggery dreams of becoming someone important
C. Miggery is treated badly by her uncle	3. Despereaux is banished to the dungeon
D. Despereaux reads books about knights and honor	4. He becomes brave and believes in saving Pea

2. Emotions in the Darkness

A. What does Despereaux feel when he is thrown into the dungeon?

____

____

B. How does Roscuro's heart change when he spends time in the dungeon?

____

____

C. **Why does Miggery follow Roscuro's plan, even though it's wrong?**

____

____

3. Comparing Settings — Light vs Darkness

Fill in the chart. Write one sentence about how each place feels and what it represents.

Place	Feeling	Symbolism
The Castle		
The Dungeon		
The Kitchen		

4. Symbol of Soup — What Does It Mean?

A. **Why is soup an important symbol in the story? What does it represent to different characters?**

____

____

5. Connecting to Life – Your Thoughts

Choose one and write a paragraph(5-6 sentences).

Option A. Have you ever made a mistake like Roscuro or Miggery and wanted to be forgiven? What happened?

Option B. Is it hard or easy for you to forgive someone who hurt you? Why?

Option C. If you were Despereaux, would you still go into the dungeon to save someone? Why or why not?

____

____

____

____

____

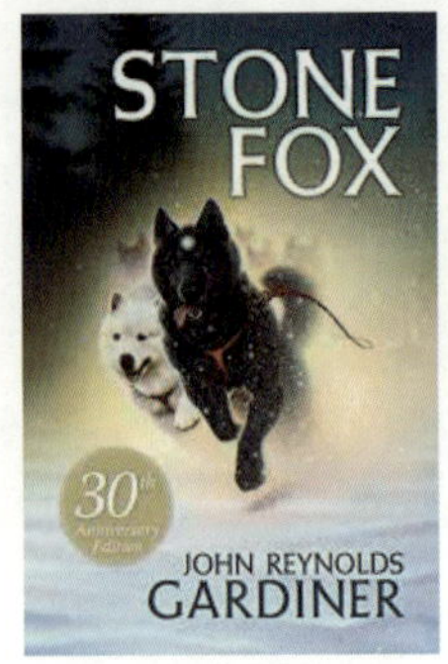

7.

짧은 이야기지만 구조는 강렬해요

『Stone Fox』

『Stone Fox』를 처음 학생들과 함께 읽었을 때였습니다.
"선생님, 진짜 이렇게 끝나는 거예요?"

한 학생이 책을 덮으며 조용히 물었습니다. 짧은 이야기였지만, 그 여운은 아주 길고도 깊었습니다. 『Stone Fox』는 분량은 짧고 문장은 간결합니다. 하지만 그 속에 담긴 감정의 깊이는 놀라울 정도로 강렬합니다.

줄거리 요약

Willy는 할아버지와 단둘이 살며 평범한 일상을 보내고 있었습니다. 그러나 어느 날 할아버지는 농장의 세금을 내지 못할 위기에 처합니다. 어린 Willy는 이를 해결하기 위해 마을에서 열리는 개썰매 경주에 참가하기로 결심합니다. 함께한 이는 그의 충직한 개, Searchlight입니다. 하지만 경주에는 누구도 이겨본 적 없는 강력한 경쟁자 Stone Fox가 있었습니다. 경주는 치열했습니다. 마지막 순간 Willy는 선두를 달리지만, 결승선을 앞두고 Searchlight가 쓰러집니다. 모든 희망이 사라졌다고 생각한 그 순간, Stone Fox는 뜻밖의 행동을 합니다. 그는 썰매를 멈추고 결승선 앞에 서서, 다른 선수들이 더 이상 앞으로 나아가지 못하게 막습니다. 모두가 멈춰선 가운데, Willy는 눈물을 흘리며 Searchlight와 함께 천천히 결승선을 통과합니다. Stone Fox는 아무 말 없이 그 길을 지켜줍니다.

이야기 구조 포인트 분석

1. 도입(평화로운 농장, 갑작스러운 위기)

Willy와 할아버지는 조용한 농장 생활을 이어가고 있었습니다. 하지만 할아버지의 문제로 위기가 찾아오며, Willy는 무력감과 걱정을 느끼게 됩니다.

2. 도전(경주 참가를 결심한 소년)

Willy는 가족을 지키기 위해 직접 개썰매 경주에 참가하기로 마음먹습니다. 그 결심에는 사랑과 책임, 그리고 두려움을 이겨내려는 용기가 담겨 있습니다.

3. 갈등(강력한 상대, Stone Fox의 존재)

대회에 나선 Willy는 막강한 상대인 Stone Fox와 마주합니다. 경쟁은 단순한 승부가 아닌, 서로의 삶이 걸린 문제로 확장됩니다.

4. 절정(Searchlight의 쓰러짐, 예기치 못한 행동)

경주에서 선두를 달리던 Willy의 개 Searchlight가 결승선을 눈앞에 두고 쓰러집니다. 모든 것이 무너지는 듯한 순간, Stone Fox는 결승선 앞에 서서 아이를 지켜줍니다.

5. 결말(눈물 속 결승선)

Willy는 혼자 결승선을 통과하며 경주에서 이깁니다. 하지만 그 안에는 승리보다 더 깊은 슬픔과 사랑, 그리고 인간 사이의 존중이 담겨 있습니다.

독해 포인트 제안

1. 감정의 흐름 읽기

짧은 이야기지만 감정 변화는 매우 뚜렷하게 진행됩니다. 처음의 걱정, 도전의 긴장감, 절정의 슬픔, 마지막의 충격과 울림까지, 인물들의 감정 곡선을 따라가며 읽어보세요.

2. Stone Fox의 선택 해석하기

말이 거의 없는 인물이지만, 마지막 장면에서 그의 행동 하나로 모든 메시지가 전해집니다. Stone Fox는 왜 그렇게 행동했을까요?

3. Searchlight의 상징성

이 개는 단순한 동물이 아니라, Willy의 모든 감정과 희망을 상징합니다. Searchlight의 쓰러짐은 무엇을 의미할까요?

고난도 독해 질문

1. Willy는 어떤 마음으로 경주에 참가했을까요? 단순히 상금을 위해서였을까요?
2. Stone Fox는 왜 결승선 앞을 막았을까요? 그 선택은 그의 성격과 어떻게 연결되나요?
3. 이야기의 마지막에서 독자가 느끼는 감정은 무엇인가요? 왜 이 장면이 이렇게 강하게 다가올까요?
4. Searchlight는 Willy에게 어떤 존재였으며, 결승선 앞에서 쓰러진 순간은 어떤 의미를 담고 있나요?
5. 이 이야기는 '승리'가 아닌 어떤 가치를 말하고 있다고 생각하나요?

활동 아이디어

1. 감정 그래프 만들기

이야기 흐름을 따라 Willy의 감정 변화를 그래프처럼 그려보세요. 주요 장면마다 감정이 얼마나 강하게 변하는지 시각화해보는 활동입니다.

2. Stone Fox의 편지 쓰기

마지막 장면 이후 Stone Fox가 Willy에게 전하지 못한 말을 '편지' 형식으로 써보세요. 그의 속마음을 상상하며 써보는 것이 핵심입니다.

3. 이야기 결말 다시 쓰기

Searchlight가 쓰러지지 않았다면? 혹은 Stone Fox가 길을 비켜주지 않았다면? 이야기의 결말을 바꿔보며 사건의 의미를 되짚어볼 수 있습니다.

『Stone Fox』는 분량이 짧기 때문에 '쉽다'고 느낄 수 있지만, 결코 가볍지 않은 메시지를 담고 있는 작품입니다. 특히 마지막 장면의 반전과 그 여운은 독자에게 깊은 감정의 충격을 줍니다. '무엇이 진짜 승리인가'를 다시 묻게 만듭니다.

Reading the Story Inside Out

1. Cause and Effect – What Led to What?

A. Match the causes to their correct effects.

Cause	Effect
A. Grandfather stops speaking and stays in bed	1. Willy feels afraid and decides to take action
B. Willy needs to save the farm	2. He prevents others from passing the boy
C. Searchlight gives her all during the race	3. He enters the National Dogsled Race
D. Stone Fox respects Willy's courage	4. She collapses just before the finish line

→ A - _________   B - _________   C - _________   D - _________

2. Exploring Moral Choices

Answer in 1-2 full sentences.

A. Why did Stone Fox choose not to win the race even though he could?

____

____

B. What does Willy's decision to race show about how children can take responsibility?

____

____

C. Why do you think the townspeople respected Stone Fox, even though he was silent?

____

____

3. Compare and Contrast – Willy vs. Stone Fox

A. Fill in the chart comparing the two characters.

	Willy	Stone Fox
Why they enter the race		
What they care about		
How they show courage		
How they treat others		

4. Imagery and Description – Close Reading

Read the sentence and answer the question.

"Stone Fox raised his right hand and drew a line in the snow."

A. What is the meaning of this action? Why is it powerful even without words?

____

____

5. Emotion Mapping – How Did You Feel?

Circle the emotion you felt as a reader during these key scenes.

A. When Willy enters the race

☹ worried   ☺ excited   😆 proud   😮 surprised

B. When Searchlight collapses

😢 heartbroken   ☹ angry   😲 shocked   ☹ hopeless

C. When Stone Fox helps Willy

😐 touched   😮 amazed   😊 respectful   😢 emotional

D. At the ending

☺ hopeful   😖 sad   ☺ peaceful   😇 inspired

6. Writing Extension – Reflect or Imagine

Choose one and write a paragraph(5-6 sentences).

Option A. **Imagine you are Searchlight. Write a short reflection from her point of view about running the race and helping Willy.**

Option B. **Write about a time when you tried your best for someone else. What happened, and how did it make you feel?**

Option C. **What lesson do you think this story teaches about respect, even between people who are very different?**

____

____

____

____

____

____

8.

낯선 곳에서 나를 지키는 법

『New Kid』

"Jordan, RAD 학교 첫날이라서 기분이 어때?"

"잘 모르겠어… 사실 난 미술 학교에 가고 싶었거든."

"그랬구나. 그래도 네가 그림을 잘 그리는 걸 알게 되면, 여기 친구들도 금방 너를 이해하고 친해질 거야."

주인공 Jordan Banks는 그림을 사랑하는 12살 소년입니다. 하지만 부모님은 그를 명문 사립학교인 Riverdale Academy Day School(RAD)에 보내기로 합니다. 그곳은 겉으로는 다양성을 강조하지만, 실제로는 흑인 학생이 거의 없는 백인 중심의 학교입니다.

줄거리 요약

Jordan은 새로운 학교에서 적응하기 위해 고군분투합니다. 점심시간에 어디에 앉아야 할지 몰라 어색해합니다. 친구를 사귀는 것도 쉽지 않습니다. 선생님들이 흑인 학생들의 이름을 자주 헷갈리는 등 작지만 반복되는 차별을 겪습니다. 그러나 친구 Liam과의 우정, 같은 소수 인종 학생 Drew와의 공감대를 통해 조금씩 마음을 열고 자신감을 되찾습니다. 결국 Jordan은 예술가로서의 꿈과 학교생활을 모두 지켜내는 방법을 배우게 됩니다.

이야기 구조 포인트 분석

이야기는 Jordan의 정체성과 소속감 사이의 갈등에서 출발합니다.

1. 시작

Jordan은 부모님의 선택으로 원하던 미술학교 대신 RAD에 입학합니다. 학교는 처음부터 낯설고, 학생 대부분이 자신과 다른 배경을 가진 백인들이라 어색함과 불안을 느낍니다. 등굣길부터 '내가 여기서 잘 지낼 수 있을까?'라는 두려움이 마음을 짓누릅니다.

2. 전개

수업이 시작되면서 일부 교사는 Jordan의 인종과 배경을 편견 속에서 바라봅니다. 동급생들 사이에서도 보이지 않는 경계가 있어 쉽게 어울리지 못합니다. Jordan은 자신이 '다른 사람'처럼 느껴져 점점 위축됩니다.

3. 변화의 계기

Liam과 Drew라는 친구를 만나면서 Jordan의 학교생활에 변화가 생깁니다. 특히 자신이 그린 그림을 보여주며 친구들과 교감하게 됩니다. 그림이 자신의 목소리이자 힘이 될 수 있다는 자신감을 회복합니다.

4. 결말

Jordan은 이제 미술 활농과 학교 생활을 병행합니다. RAD 속에서 자신만의 자리를 찾아갑니다. 여전히 완벽하진 않지만, 그는 더 이상 낯선 곳의 outsider가 아니라, 관계와 경험 속에서 성장한 한 사람으로 자리 잡습니다.

이 작품은 편견과 차별이 얼마나 일상 속에 숨겨져 있는지 보여줍니다. 동시에, 자신을 이해해주는 사람들과의 관계가 어떻게 변화를 이끌 수 있는지도 담고 있습니다.

독해 포인트 제안

1. 언어와 행동 속에 숨겨진 미묘한 편견

겉으로는 친절해 보이지만, 말투나 행동 속에 드러나는 무의식적인 편견이
Jordan에게 어떤 영향을 미치는지 살펴봅니다.

2. '소수자'로서 느끼는 이중 생활

집과 학교에서 Jordan이 보여주는 태도가 어떻게 다른지 비교하며, 그 차이
가 그의 정체성 고민과 어떻게 연결되는지 분석합니다.

3. 예술이 가진 소통의 힘

Jordan의 그림이 단순한 취미를 넘어, 친구들과 마음을 나누고 세상과 연결
되는 도구로서 어떤 역할을 하는지 생각해 봅니다.

4. 우정이 만들어내는 변화

Liam과 Drew와의 관계가 단순한 친해짐을 넘어서, Jordan이 세상과 자
신을 바라보는 방식을 어떻게 바꾸었는지 관찰합니다.

고난도 독해 질문

1. Jordan이 겪은 '작은 차별'은 어떤 감정을 불러일으켰을까요?
2. Liam과 Drew와의 관계는 Jordan에게 어떤 변화를 주었나요?
3. 학교 연감 표지에 그림이 실린 사건이 상징하는 바는 무엇일까요?
4. 만약 Jordan이 끝까지 마음을 열지 않았다면, 그의 학교생활은 어떻게 달
   라졌을까요?
5. 여러분이라면 새로운 환경에서 자신의 정체성을 어떻게 지킬 수 있을까요?

활동 아이디어

1. 이야기 흐름 + 감정 지도 만들기

Jordan이 겪은 주요 사건을 시간 순으로 정리하고, 각 사건에서 느꼈을 감정을 함께 기록합니다.

2. '작은 차별' 상황 연기하기

책 속 장면을 바탕으로 상황극을 만들어 보고, 그 상황을 개선할 수 있는 대화를 함께 만들어 봅니다.

3. 나만의 'New Kid' 이야기 쓰기

내가 새로운 환경에서 처음 느꼈던 불편함이나 소외감을 글로 표현해봅니다. 그 상황을 어떻게 극복했는지 적어봅니다.

4. 나를 표현하는 그림 그리기

Jordan처럼 나의 정체성을 담은 그림을 그려보고, 그림에 담긴 의미를 짧게 소개합니다.

『New Kid』는 단순한 '전학 간 학생 이야기'가 아니라, 정체성을 지키며 새로운 환경에서 성장하는 법을 보여수는 작품입니다. 그리고 이 변화의 중심에는, 나를 이해해 주는 사람들과 스스로를 믿는 용기가 있음을 알려줍니다.

Reading the Story Inside Out

1. Story Structure Questions

A. What motivates Jordan to attend RAD instead of art school?

____

____

B. How do his classmates and teachers react to Jordan?

____

____

C. What is the turning point(climax) of the story?

____

____

D. How does the story end? What changes for Jordan?

____

____

2. Matching Events to the Structure

Match each event to: Beginning, Rising Action, Climax, Falling Action, Resolution

A. Jordan is assigned a guide, Liam, on his first day.

→ ____________________.

B. Jordan stands up in the cafeteria during the argument between Andy and Drew.

→ ____________________.

C. Jordan's artwork appears on the yearbook cover.

→ ____________________.

D. Jordan meets Liam and Drew and starts forming friendships.

→ ____________________.

E. Jordan experiences subtle discrimination, such as being mistaken for other Black students.

→ ____________________.

3. Character Reflection

A. What kind of student is Jordan? What makes him unique?

____

____

B. How does Jordan respond to the subtle discrimination he experiences?

____

____

C. How does Jordan's relationship with friends and family change by the end?

____

____

4. Language and Power

A. What lesson does the story give about finding who you are in a new place?

____

____

B. How does Jordan's artwork symbolize his inner world or journey?

____

____

C. What does the story teach us about confronting unfairness and standing up for others?

____

____

5. Emotional Timeline – Jordan's Feelings

Fill in the chart with one emotion and a reason.

Jordan's Feeling	Why?
Beginning	Feeling lost, because everything is unfamiliar.
Rising Action	
Climax	
Ending	

6. Writing Prompt

Choose one and write a paragraph(5-6 sentences).

초등 영어 읽기, 뉴베리로 끝

Option A. Create Your Own Metaphor

Invent a metaphor similar to "friends are like training wheels." What metaphor would you create for friendship or support in your life?

Option B. Letter from Jordan

Write a letter from Jordan to his friend after the yearbook is published. How does he feel now? What has he learned?

Option C. If You Were Jordan's Friend

Would you have supported Jordan when he spoke up in the cafeteria? Why or why not? How might you have helped him?

____

____

____

____

____

9.

독립된 이야기들이 흐름으로 연결돼요

『A Long Way from Chicago』

선생님: "방학마다 꼭 가는 곳이 있니?"

유   나: "네! 저는 여름마다 시골 할머니 댁에 가요."

선생님: "그곳에 가면 뭐가 제일 기억에 남아?"

유   나: "음… 갈 때마다 조금씩 달라요. 그래서 추억이 계속 늘어나요."

매년 같은 계절, 같은 장소라도 그 경험은 매번 다릅니다. "아이가 자라면서 감정과 추억이 함께 쌓여 갑니다."

줄거리 요약

주인공 Joey는 여름방학마다 여동생 Mary Alice와 함께 시골 마을에 사는 Grandma Dowdel 댁에서 지냅니다. Grandma는 겉보기엔 괴짜스럽고 거침없는 인물입니다. 지역 사회의 위선이나 부당함에 맞서 유쾌하고도 정의롭게 행동하는 모습을 보여줍니다. 규칙보다는 '사람'과 '정의'를 우선시합니다. Joey는 점차 Grandma를 '이상한 사람'이 아닌 '가장 강하고 믿음직한 사람'으로 느끼게 됩니다. Joey의 마음과 Grandma와의 관계는 시간이 지나면서 점점 깊어집니다.

이야기 구조 포인트 분석

『A Long Way from Chicago』의 핵심은 '감정의 누적'입니다. 단일 사건이 아니라 시간이 쌓이면서 깊어지는 감정과 관계의 변화가 이야기의 중심에 있습니다. Joey의 어린 시절 시선은 점점 성숙해지고, Grandma라는 인물의 깊이는 에피소드마다 더해집니다. 각 에피소드는 유쾌한 사건으로 시작되지만, 사건의 끝에는 Grandma의 진심 어린 행동과 그것을 바라보는 Joey의 변화가 담겨 있습니다. 결국 마지막 이야기에서 Joey는 Grandma를 단지 '별난 할머니'가 아닌, 자신을 키워준 인생의 본보기로 바라보게 됩니다.

독해 포인트 제안

1. 엉뚱한 행동 속 숨은 메시지

Grandma의 행동은 처음 보면 우스꽝스럽고 비상식적으로 보일 수 있습니다. 하지만 자세히 들여다보면, 그 안에는 사회적 약자에 대한 연민, 가족에 대한 사랑, 정의감 같은 깊은 메시지가 담겨 있습니다. Grandma의 엉뚱한 행동들이 어떤 의미를 담고 있는지 생각하며 읽어보세요.

2. Joey의 감정 변화 따라가기

Joey는 처음에는 Grandma를 낯설고 이상하게 느낍니다. 그러나 함께 여름을 보내며 Grandma의 진짜 모습을 알아가고, 점점 감정이 달라집니다. 이야기 속에서 Joey가 Grandma를 어떻게 받아들이게 되는지, 그 감정의 흐름을 추적해보는 것이 중요합니다.

3. 왜 '여름의 이야기'일까?

이 책은 매해 여름에 일어난 사건들을 중심으로 구성되어 있습니다. 작가는 왜 여름이라는 계절을 반복적으로 사용했을까요? 여름이 주는 자유로움, 변화의 가능성, 혹은 아이들이 할머니와 함께 지낼 수 있는 특별한 시간이라는 점에서 그 의미를 찾아볼 수 있습니다. 형식이 주는 효과에 주목해 보세요.

4. 규칙을 넘어선 정의의 선택

Grandma는 때로는 법이나 사회 규칙을 어기는 행동을 하기도 합니다. 그렇다면 그녀의 행동은 단순한 반항일까요, 아니면 더 큰 정의를 위한 선택일까요?

고난도 독해 질문

1. Grandma의 행동은 종종 상식을 벗어나 있습니다. 왜 그런 선택을 했을까요?
2. 에피소드들이 시간순으로 이어질 뿐 아니라, 감정도 함께 쌓여갑니다. Joey가 느낀 감정의 변화는 어느 에피소드에서 가장 뚜렷하게 드러났나요?
3. Grandma는 Joey에게 어떤 영향을 주었을까요? Joey는 할머니를 통해 어떤 인생의 교훈을 배우게 되었나요?
4. 이 책에서 중요한 것은 사건 자체일까요, 아니면 그 사건을 통해 형성된 관계와 감정일까요?

활동 아이디어

1. 감정 일지 쓰기

Joey의 시점으로, 매해 할머니와 함께한 여름을 짧은 일기 형식으로 기록해 봅니다.

"어느 더운 여름날, 할머니는 부흥회 사람들을 속였습니다. 하지만 그건 마을 사람들을 위한 일이었고, 정말 멋진 행동이었습니다."

2. 할머니의 조언 상상해보기

자신이 어려운 상황에 처했다고 상상해보세요. Grandma가 나에게 어떤 조언을 해줄지 글로 표현해봅니다.

3. 가장 기억에 남는 장면 그리기

가장 인상 깊었던 에피소드를 그림으로 표현해보세요. 그 장면의 의미와 자신의 감정을 글로 정리해봅니다.

『A Long Way from Chicago』는 하나의 커다란 사건이 아닌, 작고 진심 어린 순간들이 쌓이며 만들어지는 감정의 흐름을 보여주는 이야기입니다. Joey는 여름마다 반복되는 '일상적인 사건' 속에서 할머니의 유쾌한 정의감과 따뜻한 배려를 목격하며 성장해갑니다.

Reading the Story Inside Out

1. Understanding the Episodic Structure

A. How is this book different from other stories with one big plot?

____

____

B. Why do you think the author chose to tell the story through yearly summer episodes?

____

____

C. What connects all the episodes together?

____

____

2. Grandma Dowdel's Values

A. Grandma sometimes breaks rules or tricks people. Why does she do that?

____

____

B. **What does Grandma value more: following rules or helping people? Why?**

____

____

C. **Give an example of a moment when Grandma's action surprised or impressed you.**

____

____

3. Joey's Changing Feelings

Describe Joey's feelings in three parts of the book.

	Joey's Feeling About Grandma	Why?
At the beginning		
In the middle		
At the end		

4. Character Growth and Relationships

A. What does Joey learn about Grandma over the years?

____

____

B. How does Joey himself grow or change throughout the book?

____

____

C. What kind of role model is Grandma to Joey?

____

____

5. Reflective Thinking

A. Which episode made the biggest impression on you? What happened in it, and why did it stand out?

____

____

B. If you spent a summer with someone like Grandma, what would
you hope to learn?

____

____

6. Writing Prompt

Choose one and write a paragraph(5-6 sentences).

Option A. Emotional Journal - Write from Joey's Point of View

Choose one summer episode and write a short journal entry as Joey. What
happened, and how did it make him feel?

Option B. Advice from Grandma - What Would She Say?

Imagine you are in a tough situation. What would Grandma say to you?
Try to write it in her honest, bold style.

____

____

____

____

____

____

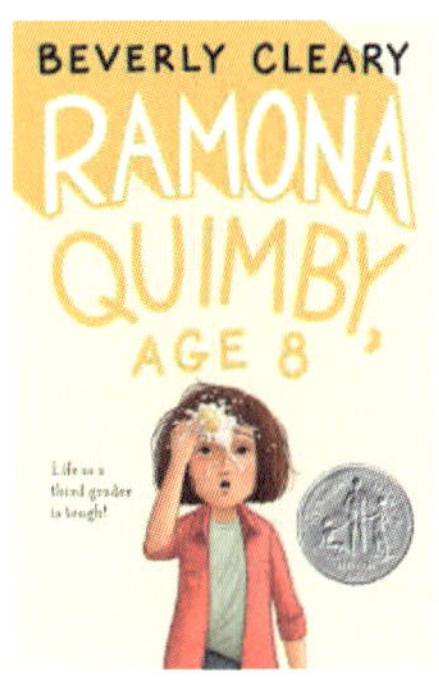

10.

일상의 작은 순간들이 주인공을 바꿔요

『Ramona Quimby, Age 8』

선생님: "혹시 학교 다니면서 속상했던 적이 있어? 오늘은 그런 경험을 이야기
해 보자."

채　원: "네! 친구가 제 옆자리에 앉기 싫다고 해서 속상했어요."

예　나: "저는 숙제를 다 했는데 집에 두고 와서 혼났어요…."

이처럼 특별한 사건은 아니지만, 어린이들에게는 그런 순간들이 하루를 뒤흔
드는 큰일처럼 느껴지곤 합니다.
『Ramona Quimby, Age 8』은 바로 그런 이야기입니다.
이 책은 대단한 반전이나 큰 사건 없이도, Ramona의 일상 속에서 벌어지는
아주 평범한 순간들을 통해 독자의 마음을 끌어당깁니다.

줄거리 요약

Ramona는 8살이 되면서 새로운 일들을 많이 겪게 됩니다. 언니 Beezus
와는 여전히 자주 다툽니다. 학교에서는 자신만의 특별함을 보여주고 싶어
애를 씁니다. 하지만 일이 항상 잘 풀리지는 않죠. 학교에서 달걀을 깨뜨리는
실수를 하기도 하고, 수업 시간에는 웃음거리가 되기도 합니다. 게다가 집안
사정도 어려워지면서, Ramona는 감당하기 힘든 일들을 하나씩 겪게 됩니
다. 그 속에서 Ramona는 울기도 하고, 화도 내고, 다시 웃기도 합니다. 조

금씩 어린아이에서 한 걸음 더 자라는 아이가 되어 갑니다.

이야기 구조 포인트 분석 – 평범한 하루 속 '감정의 사건'을 따라가는 구조
『Ramona Quimby, Age 8』은 큰 사건이 중심이 되는 이야기가 아닙니다. Ramona가 학교에서 겪는 일, 가족과의 갈등, 실수하고 다시 용기를 내는 순간들처럼 작고 평범한 일상 속 감정 변화가 이야기를 이끌어 갑니다. 이 책에서는 Ramona가 느끼는 두려움, 실망, 기쁨, 이해 같은 감정들이 하나하나 모여서 Ramona가 자라는 과정을 보여줍니다. 작은 사건들이 이어지지만, 그 속에 담긴 감정이 Ramona의 성장을 만들어가는 거죠.

1. 도입(새로운 시작과 기대)

Ramona는 3학년이 되면서 책임감 있는 사람이 되고자 합니다. 새로운 반, 새로운 선생님, 새로운 친구들 속에서 자신의 존재감을 찾고 싶은 욕구가 도입부의 주요 감정 동력이 됩니다.

2. 전개(작고 반복적인 갈등과 실수)

Ramona는 학교에서 실수로 달걀을 깨뜨리기도 하고, 수업 시간에 친구들 앞에서 웃음거리가 되기도 합니다. 집에 돌아와서는 언니와 자주 다투게 됩니다. 이런 일들은 겉으로 보기에는 작은 사건처럼 보이지만, Ramona에게는 마음에 오래 남는 중요한 경험이 됩니다.

3. 전환(감정의 복잡성과 내면의 성장)

Ramona는 아빠의 실직과 가족의 경제적 불안정이라는 현실을 접하게 됩니다. 단순히 사랑받고 싶은 어린아이에서 가족의 일원으로 책임감을 느끼는 아이로 성장합니다. 감정을 그대로 폭발시키는 대신, 조심스레 표현하거나 이해하려는 태도로 변화합니다.

4. 절정(감정의 통제와 용기 있는 행동)

Ramona는 점점 자신의 감정을 통제하며, 실수를 극복하고 사람들과의 관계를 회복해 나갑니다. 자신의 잘못을 사과하거나, 두려워도 나아가보려는 용기 있는 행동을 통해 내면의 성장을 드러냅니다.

5. 결말(평범한 하루의 의미 재발견)

크고 극적인 사건 없이도 Ramona는 성장합니다. 마지막 장면에서 Ramona는 여전히 실수도 하고, 가족과 갈등도 겪습니다. 하지만 그 안에서 자신을 이해하고 받아들이는 감정적 자립을 이루게 됩니다.

독해 포인트 제안

1. 어린이의 눈으로 바라본 세상

Ramona는 세상의 모든 일이 불공평하다고 느끼지만, 그 안에서 자신이 어떤 존재인지를 찾아갑니다. 이 책을 읽을 때는 '어른이 보기엔 사소해 보이지만, 아이에게는 절대적으로 중요한 일들'에 주목해야 합니다.

2. 감정의 흐름과 표현

Ramona는 늘 자신의 감정을 솔직하게 드러냅니다. '기쁘다', '화난다' 같은 단순한 단어가 아니라, 행동과 말투 속에 숨어 있는 감정을 읽는 것이 중요합니다. Ramona가 아빠의 실직을 알고 나서 보여주는 행동에는 복잡한 감정이 담겨 있습니다.

3. 가족이라는 울타리

Ramona는 종종 혼나기도 하고 가족들과 갈등을 겪지만, 결국 가족은 그녀가 마음의 안정을 찾을 수 있는 가장 큰 힘입니다. Ramona의 감정 변화는 가족과의 관계 변화와 깊이 연결됩니다.

고난도 독해 질문

1. Ramona가 학교에서 달걀을 깨뜨렸을 때 어떤 감정을 느꼈을까요? 그 감정은 이후 그녀의 행동에 어떤 영향을 주었나요?
2. 이야기에서 Ramona는 '용기'를 내는 순간들이 있습니다. 어떤 장면에서, 어떤 방식으로 자신의 감정을 이겨냈나요?
3. Ramona와 아빠의 관계는 어떻게 변해가나요? 이야기를 통해 부모와 자녀 사이의 이해가 어떻게 이루어지는지 생각해봅시다.

활동 아이디어

1. 나의 Ramona 순간 찾기

나도 Ramona처럼 창피하거나 속상했던 순간이 있었는지 떠올려봅니다. 그 상황에서 어떻게 감정을 표현했는지를 써봅니다.

2. 감정과 행동 연결 카드 만들기

Ramona가 느꼈던 감정과 그에 따른 행동을 카드로 만들고, 서로 연결해보는 활동입니다. 감정 → 행동 → 결과의 흐름을 시각화해 볼 수 있습니다.

3. 가족 인터뷰

'가족이란 무엇일까?'를 주제로, 가족 중 한 명에게 인터뷰를 합니다. Ramona의 가족과 비교해 보는 활동입니다.

4. 이야기 구조 퍼즐 맞추기

Ramona 이야기 속 주요 사건을 '시작-전개-위기-결말' 구조로 나누어 카드에 적고, 순서대로 맞춰보는 활동입니다. 이렇게 하면 사건의 흐름과 이야기 전개 방식을 한눈에 파악할 수 있습니다.

『Ramona Quimby, Age 8』은 "평범한 하루도 한 사람을 자라게 합니다."라
는 사실을 보여주는 작품입니다. 사건은 작지만, 그 안에 담긴 감정과 관계는
결코 작지 않습니다. Ramona는 실수도 하고, 울기도 하고, 좌절도 하지만,
결국 자신의 감정과 행동을 스스로 마주하며 자라납니다.

Reading the Story Inside Out

1. Beginning – What Sets the Story in Motion

A. What changes in Ramona's life start the story?

____

____

B. What are Ramona's goals or hopes at the beginning of the story?

____

____

2. Rising Action – The Series of Events

A. List three important events that happen at school or home.

____

____

B. How do these events connect or build on each other?

____

____

3. Turning Point – A Change in Direction

A. What is the most important turning point in the story?

____

____

B. How does this moment change the direction of the story or how Ramona sees things?

____

____

4. Ending – Resolution and Growth

A. How is the conflict or tension in the story resolved?

____

____

B. What has changed for Ramona by the end of the story?

____

____

5. Story Map – Put the Plot in Order

Story Part	What Happens?
Beginning	
Rising Action	
Turning Point	
Resolution	

6. Writing Prompt

Choose one and write a paragraph(5-6 sentences).

Option A. A Story Summary in My Words

Write a short summary of the story from beginning to end in your own words.

Option B. Rewrite the Ending

If you could change the ending, what would you change and why?

____

____

____

____

____

____

감정과 관계를 읽기

말투, 행동, 묘사로 마음을 읽는 힘

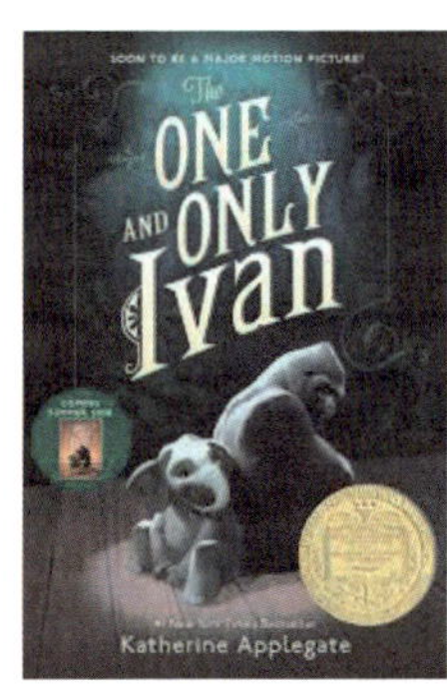

1.

말은 없어도 마음은 느껴져요

『The One and Only Ivan』

선생님: "혹시 누가 '괜찮아.'라고 말했는데, 진짜 괜찮아 보이지 않았던 적 있어?"

지　안: "네, 친구가 웃으면서 괜찮대서 그냥 그런 줄 알았는데, 나중에 알고 보니 속상한 일이 있었대요."

선생님: "맞아, 그런 순간이 있어. 겉으로는 괜찮다고 해도, 표정이나 눈빛에서 슬픔이 느껴질 때가 있지."

마음은 항상 말로 다 드러나지 않습니다. 그래서 누군가의 진심을 알아차리려면, 말보다 침묵 속의 감정과 눈빛을 읽는 힘이 필요합니다. 『The One and Only Ivan』은 바로 그런 감정을 조용히 전해주는 책입니다.

줄거리 요약

고릴라 Ivan은 Big Top Mall이라는 쇼핑몰 안 작은 서커스에 갇혀 살아갑니다. 오랜 시간 사람들의 구경거리로 지낸 그는 이제 탈출을 꿈꾸지 않습니다. 무기력한 일상 속에서 그림을 그리며 시간을 보냅니다. 함께 지내는 동물은 유기견 Bob과 코끼리 Stella입니다. 어느 날, 아기 코끼리 Ruby가 오고 Ivan의 일상이 흔들리기 시작합니다. 병든 Stella는 Ivan에게 "Ruby를 지켜줘."라는 마지막 부탁을 남기고 세상을 떠납니다. 이 말은 Ivan의 마음을 움직입니다. Ivan은 그림으로 메시지를 전하며 사람들에게 도움을 요청합니다. 결국 Ruby는 동물 보호소로 옮겨지고, Ivan도 자유로운 자연 속에서 새 삶을 시작합니다. 이 이야기는 Ivan이 처음으로 책임을 선택하고 행동하며 성장해 가는 여정을 담고 있습니다.

감정과 관계의 흐름 읽기

1. 동물 이야기 너머의 섬세한 감정 서사

『The One and Only Ivan』은 동물의 삶을 다룬 이야기처럼 보입니다. 하지만 실제로는 감정과 관계의 변화를 담은 섬세한 성장 이야기입니다. 주인공 Ivan은 말을 많이 하거나 감정을 직접 드러내지 않습니다. 대신, 침묵, 행동, 기억, 그림을 통해 자신의 감정을 표현합니다.

2. 단어의 변화로 드러나는 감정의 전환

처음에 Ivan은 자신이 갇힌 공간을 'domain(영역)'이라 부르며 그곳을 받아들이려 합니다. 하지만 Stella와 Ruby와의 관계가 깊어질수록, 그는 그 공간을 'cage(감옥)'이라 부르기 시작합니다. 이 단어의 변화는 Ivan의 내면과 시선이 달라지고 있음을 상징적으로 보여줍니다.

3. 말이 아닌 행동으로 표현되는 감정

가장 인상적인 부분은 Ivan이 감정을 말이 아닌 행동으로 표현한다는 점입니다. Stella가 죽은 후 Ivan은 슬픔을 말로 표현하지 않습니다. 울지도 않습니다. 대신 그녀의 마지막 부탁을 기억하며 Ruby를 구하기 위해 행동합니다. 그림을 통해 사람들에게 메시지를 전하고, 자신의 두려움과 분노를 용기로 바꿔 나가는 모습은 감정을 실천으로 옮기는 과정이라 할 수 있습니다.

4. 비언어적 관계가 주는 깊은 위로

Ivan과 Ruby, 그리고 유기견 Bob과의 관계는 대부분 말 없이 이루어집니다. Ruby가 무서워할 때, Ivan은 말없이 그 곁에 앉아 있습니다. Bob은 조용히 농담을 건네며 긴장을 풀어주고, Ivan의 침묵 속 불안을 지켜줍니다. 이처럼 말 없는 행동들이 반복되면서, 관계는 반드시 말로만 깊어지는 것이 아님을 보여줍니다. 곁을 지켜주는 행동이 가장 큰 위로가 될 수 있다는 사실이 독자에게 깊은 울림을 줍니다.

독해 포인트 제안

1. Ivan은 감정을 어떻게 표현하는가?

Ivan은 말보다는 그림, 침묵, 시선, 기억을 통해 자신의 감정을 드러냅니다. 그림을 그릴 때는 마음속 감정을 조심스럽게 꺼내 보입니다. 침묵 속에서는 슬픔이나 단념 같은 감정이 느껴집니다. 과거의 기억을 떠올릴 때는 그리움과 상실감이, 조용히 친구들을 바라볼 때는 애정과 책임감이 전달됩니다. 말보다 더 깊은 감정 표현이 바로 이 작품의 특징입니다.

2. 관계 속에서 변화하는 Ivan의 마음

Stella와의 관계에서는 연민과 따뜻함, Ruby를 향한 감정에서는 책임감과 보호 본능, Bob과의 우정에서는 유머와 위로가 드러납니다. 이처럼 Ivan의 감정은 각 인물과의 관계를 통해 조금씩 변해갑니다. 그 감정의 깊이가 점점 넓어집니다. 무관심하던 Ivan이 점차 '느끼고 행동하는 존재'로 변화하는 과정이 이야기의 핵심 중 하나입니다.

3. 감정이 행동으로 이어지는 순간

Ivan은 어느 순간 Ruby를 위한 약속을 하며 행동으로 나아갑니다. Ivan은 단순한 동물이 아닌, 스스로 판단하고 움직이는 존재가 됩니다. 감정이 행동으로 전환되는 강렬한 순간을 보여줍니다.

고난도 독해 질문

1. Ivan은 왜 처음에는 아무것도 바꾸려 하지 않았을까요? 그의 무력감은 어떤 감정에서 비롯된 것인가요?
2. Ruby가 등장하면서 Ivan의 태도는 어떻게 달라졌나요? 어떤 감정이 그를 움직이게 했나요?
3. Stella가 마지막으로 한 부탁을 Ivan은 어떻게 받아들였나요? 그 약속을 지키기로 한 Ivan의 모습은 그가 어떻게 달라졌는지를 어떻게 보여주나요?
4. 말이 아닌 행동으로 감정을 표현한 장면을 찾아보고, 그 장면이 전달한 감정을 분석해 보세요.

활동 아이디어

1. Ivan의 감정 색칠하기

이야기 속 한 장면을 선택해, Ivan이 느꼈을 감정을 색으로 표현합니다. 예를 들어, 슬픔은 파란색, 분노는 빨간색처럼 색에 감정을 연결합니다. 그리고 왜 그 장면에 그 색을 골랐는지 간단히 설명합니다.

2. Ivan의 하루 한 문장으로 요약하기

책 속 하루를 Ivan의 시점에서 한 문장으로 정리합니다. 사건뿐 아니라 그날 느낀 감정까지 함께 담아야 하며, 문장을 읽는 사람이 하루의 분위기를 바로 느낄 수 있도록 표현합니다.

3. Ivan의 마음을 상징하는 그림 그리기

Ivan이 느끼는 감정이나 다짐을 나타낼 수 있는 상징적인 그림을 그립니다. 구체적인 장면을 그려도 좋고, 감정을 추상적으로 표현해도 괜찮습니다. 그림 옆에는 그 의미를 간단히 적어 Ivan의 마음을 설명합니다.

『The One and Only Ivan』은 동물들의 이야기로 시작되지만, 결국은 우리 모두가 살아가는 감정과 관계의 이야기로 확장됩니다. Ivan은 말하지 않지만, 그보다 더 깊은 방식으로 세상을 바꾸어 갑니다.

Reading the Story Inside Out

1. Understanding Ivan's Silence

A. How does Ivan show his feelings without speaking?

____

____

B. Choose one example of Ivan's action and explain what feeling it shows.

____

____

2. Relationship Without Words

A. How does Ivan comfort Ruby when she is scared?

____

____

B. Bob and Ivan are close friends. What kind of actions show their friendship?

____

____

3. Emotional Growth Through Actions

A. Stella tells Ivan to take care of Ruby. How does Ivan change after this?

____

____

B. What does Ivan do to help Ruby? What emotions are behind these actions?

____

____

4. Words That Show Change

A. Ivan once called his cage a "domain." Later, he calls it a "cage." Why is this change important?

____

____

5. Writing Prompt – Choose One

Pick one activity and write a short paragraph(5-6 sentences).

Option A: Ivan's Diary

Write a diary entry as Ivan after Stella's death. What happened? How do you feel? What will you do next?

Option B: Describe a Wordless Moment

Describe a moment in your life when someone didn't say anything but made you feel better. What happened? How did it help?

____

____

____

____

____

____

2.

외로운 마음을 위한 위로

『Hello, Universe』

"누군가와 정말 연결되었다고 느낀 적 있니? 말은 하지 않았지만, 그 사람이 내 마음을 알아준 것 같았던 순간 말이야."

진짜 연결이란 단지 말을 주고받는 것만이 아닙니다.
때로는 눈빛 하나, 조용한 기다림, 말없이 건넨 작은 행동이 마음을 이어주는 끈이 되기도 하지요. 『Hello, Universe』는 그런 조용한 연결의 순간들을 담은 이야기입니다. 전혀 어울릴 것 같지 않던 네 명의 아이들이, 짧은 여름 며칠 동안 서로의 마음을 알아갑니다. 말보다는 감정의 결을 통해 천천히, 그러나 깊이 서로에게 다가가는 여정을 보여줍니다.

줄거리 요약

주인공 Virgil은 조용하고 소심한 성격의 소년입니다. 학교에서는 눈에 잘 띄지 않고, 친구도 집에서 키우는 기니피그 Gulliver뿐입니다. 형에게 무시 당하고, 부모의 기대 속에서 자신이 작아진다고 느낍니다. Virgil에게 가장 큰 고민은 같은 반 친구 Chet입니다. Chet은 Virgil을 약하고 이상하다고 놀리며 괴롭힙니다. Virgil은 그런 상황에서 어떻게 해야 할지 모릅니다.
어느 날, Chet이 Virgil의 가방을 빼앗아 우물에 던져 버립니다. 가방을 찾기 위해 Virgil은 우물 안으로 내려가지만, 빠져나오지 못하고 그 안에 갇히고 맙니다. 아무도 모르는 채 혼자 남겨진 Virgil은 무섭고 외로운 마음속에서 처음으로 진지하게 자기 자신을 생각하게 됩니다.

한편, 영적인 상담사 역할을 하는 Kaori와 그녀의 동생 Gen, 그리고 청각장애가 있는 Valencia는 각자의 방식으로 Virgil과 연결되는 느낌을 받습니다. 이들은 서로 잘 알지 못했지만, 마음을 모아 Virgil을 찾기 시작합니다. 많은 말을 하지 않아도 서로를 이해하게 됩니다. 결국 Virgil은 구조되고, 이 경험은 아이들 사이에 조용하지만 깊은 우정을 남깁니다.

감정과 관계의 흐름 읽기

1. 조용한 감정의 연결

『Hello, Universe』는 인물들이 소리 없이 감정을 나누는 방식이 돋보이는 이야기입니다. 네 명의 아이들(Virgil, Valencia, Kaori, Chet)의 시점이 번갈아 가며 전개되며, 각자의 내면이 섬세하게 드러납니다.

2. Virgil - 조용한 성장을 시작한 소년

Virgil은 자신을 작고 약한 존재로 느끼며, 말보다는 속마음이 많은 인물입니다. 우물에 빠진 뒤 혼자 있는 시간을 통해 처음으로 자신의 내면을 깊이 바라보고 조용한 성장을 시작합니다.

3. Valencia - 세상을 감각으로 느끼는 아이

Valencia는 청각장애가 있지만, 오히려 더 예민하게 세상을 느낍니다. 타인의 감정에 깊이 공감할 줄 아는 감각을 지녔습니다.

4. Kaori - 운명과 연결을 믿는 아이

Kaori는 운명과 기운을 믿고, 다른 사람들의 고민을 진지하게 들어주며 도와주려는 따뜻한 마음을 가진 아이입니다.

5. Chet - 두려움을 감추는 겉모습

Chet은 겉으로는 강하고 거칠게 보이지만, 사실은 자신의 불안과 두려움을 남을 괴롭히는 방식으로 표현하는 인물입니다.

이 네 명의 인물은 직접 만나기 전부터, 서로의 감정과 기운을 느끼고 있습니다. 말보다는 행동, 눈빛, 관찰, 혼잣말, 그리고 아주 작은 변화들을 통해 연결됩니다. 이 책은 '진짜 연결'이 무엇인지를 감정 중심의 서사로 보여줍니다.

독해 포인트 제안

1. 인물마다 다른 감정 표현 방식

이야기 속 인물들은 각자 다른 방식으로 감정을 표현합니다. Virgil은 내성적이고 말이 적습니다. 생각과 내면의 혼잣말을 통해 감정을 드러냅니다. Valencia는 당당하지만 적극적으로 감정을 말로 표현하지 않습니다. 자신만의 기록과 관찰을 통해 진심을 보여줍니다. Kaori는 감정을 예감과 의식, 상징적인 언어로 풀어내죠. 각 인물이 감정을 표현하는 방식은 그들의 성격, 경험, 그리고 두려움에서 비롯됩니다. 그 차이를 통해 독자는 다양한 감정 전달 방식을 이해할 수 있습니다.

2. 우물 속 Virgil의 감정 변화

Virgil이 우물 속에 갇힌 장면은 그의 감정이 가장 절정에 달하는 순간입니다. 처음에는 두려움과 무력감으로 가득합니다. 하지만 점점 자신의 정체성과 용기에 대해 생각하게 됩니다. 이 감정의 변화는 Virgil이 단순히 구조되기를 기다리는 사람이 아니라, 자신을 찾고 성장하는 인물로 변해간다는 것을 의미합니다.

3. 만나지 않았지만 이어지는 연결

Kaori와 Valencia는 Virgil을 한 번도 만난 적이 없습니다. 하지만 공감의 감정으로 그에게 다가갑니다. 이들은 눈에 보이는 정보가 아니라, 감정의 흐름과 마음의 움직임으로 누군가의 존재를 느끼고 행동합니다. 이야기 속에서 말보다 더 강한 연결의 힘이 존재함을 보여줍니다.

4. 감정을 전하는 비언어적 순간

결말에서 아이들은 많은 말을 주고받지 않지만, 시선과 표정, 작은 몸짓, 함께 걷는 움직임 속에서 서로의 마음을 나눕니다. 작품 전반에 걸쳐 눈빛, 침묵, 몸짓, 예감과 같은 비언어적 표현이 인물들의 관계를 더 깊고 섬세하게 만듭니다. 독자로 하여금 감정을 직접적이고 본능적으로 느끼게 합니다.

고난도 독해 질문

1. Virgil은 왜 우물 속에 갇힌 상황에서 자신을 다시 바라보게 되었을까요?
2. Valencia는 Virgil의 고통을 어떻게 공감했을까요? 본 적도 없던 친구의 고통을 느낄 수 있었던 이유는 무엇인가요?
3. Kaori가 믿는 '운명'은 이 이야기에서 어떤 역할을 하나요? 그 상징이 전달하는 메시지는 무엇일까요?
4. Chet은 왜 그렇게 공격적으로 행동했을까요? 그의 감정 안에는 어떤 외로움이나 불안이 있었을까요?
5. 네 아이가 서로에게 마음을 열게 된 결정적인 순간은 언제였을까요? 무엇이 그 마음을 열게 만들었나요?

활동 아이디어

1. 마음속 일기 쓰기

Virgil, Valencia, Kaori 중 한 인물을 선택해 하루를 기록합니다.

- 오늘 나는 어떤 생각을 했나요?
- 누구의 행동이 나에게 감정적인 영향을 주었나요?
- 그 감정은 왜 생겼나요?
- 오늘 느낀 감정을 한 단어로 표현한다면?

2. 조용한 장면 그리기

말은 없었지만 감정이 강하게 느껴진 장면을 그림으로 표현합니다. 그림 옆에 그 장면이 담고 있는 감정을 짧게 적습니다.

(예: Valencia가 Kaori의 집 문 앞에 조용히 서 있던 순간 – 기대와 두려움)

3. '나도 연결되어 있어요' 메시지 쓰기

Virgil이나 Valencia처럼 외로움을 느끼는 사람에게 짧은 글을 씁니다. 만나지 않아도 느낄 수 있었던 위로나 응원의 말을 담아봅니다.

4. 감정 연결 카드 만들기

이야기 속 인물들이 느낀 감정을 단어로 적고, 그 감정을 느끼게 만든 장면을 함께 카드에 기록합니다.

- 두려움 – Virgil이 우물 속에서 Gulliver를 잃었을 때
- 용기 – Valencia가 처음으로 Kaori의 문을 두드릴 때

『Hello, Universe』는 조용한 이야기입니다. 큰 소리나 극적인 장면 없이, 말 한마디 없이도 이어지는 관계와 감정을 그려냅니다. 이 작품은 말보다 중요한 것이 있다는 사실을 보여줍니다. 바로 관찰, 공감, 묘사, 그리고 행동입니다. 서로를 향한 진심은 말을 기다리지 않습니다.

Reading the Story Inside Out

1. Understanding Feelings

A. Why does Virgil feel invisible at school?

____

____

B. What is Valencia's biggest emotion when she eats lunch alone?

____

____

C. Why does Kaori believe something is wrong with Virgil, even though she doesn't know where he is?

____

____

D. Why does Valencia start looking for Virgil even though they barely know each other?

____

____

2. Scene-Based Emotion

A. "I'm stuck," Virgil whispered. "Nobody knows I'm here."
What emotion does Virgil feel in this scene?

____

____

B. Valencia stood quietly in front of Kaori's house.
What emotion is shown through this silent action?

____

____

C. Kaori said, "I think something is wrong. I can feel it."
What does this tell us about Kaori's way of understanding people?

____

____

D. "Maybe the universe really was trying to help us all along."
What does this line say about the power of connection?

____

____

3. Creative Expression

A. **Write a short letter to someone who feels left out, like Kaori notices about Virgil.**

Dear ___________,

____

____

____

____

____

Love, ___________

B. **Write a short scene where two characters from Hello, Universe understand each other without speaking. Use actions and feelings. (For example, Valencia and Virgil after he is rescued)**

____

____

____

____

____

____

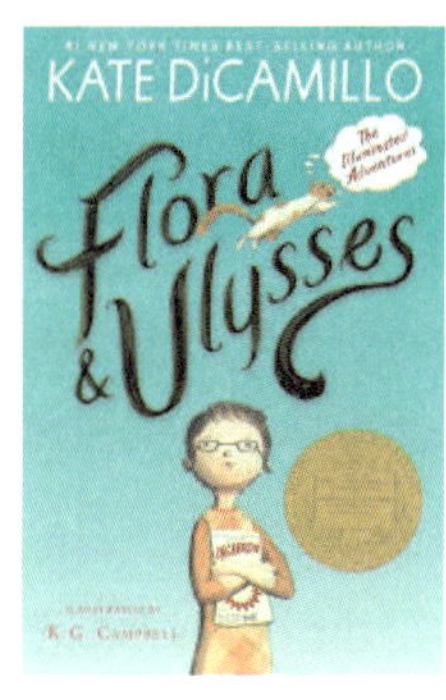

3.

엉뚱한 모험 속에서 진짜 감정을 만나요

『Flora & Ulysses』

"혹시 정말 속상할 때, 일부러 아무렇지 않은 척 해본 적 있어? 괜찮다고 말했지만 사실 마음이 울고 있었던 그런 날 말이야."

『Flora & Ulysses』는 그런 마음을 가진 한 소녀와 아주 특별한 다람쥐의 이야기입니다. Flora는 상처받은 마음을 감추며 부모의 이혼과 엄마와의 거리감 속에서 외로움을 품은 아이입니다. 하지만 Ulysses와의 만남은 그녀의 마음을 조금씩 열어줍니다. 진짜 감정을 솔직하게 표현할 용기를 키워줍니다.

줄거리 요약

Flora Belle Buckman은 감정을 드러내지 않으려 애쓰는 10살 소녀입니다. 부모님의 이혼 이후, 세상과 거리를 두고 살아갑니다. 감정적인 일은 최대한 피하고, 모든 일을 이성적으로 판단하려고 노력합니다. 어느 날, 이웃집에서 진공청소기를 돌리던 중, 그 안에 빨려 들어간 다람쥐를 구하게 됩니다. 놀랍게도 다람쥐는 살아남았을 뿐 아니라, 갑자기 초능력을 얻게 됩니다. Flora는 그를 'Ulysses'라 이름 붙여 주었습니다, 둘은 특별한 우정을 쌓아가기 시작합니다. Ulysses는 시를 쓰는 능력을 가지게 됩니다. 그의 시는 Flora의 마음속 진심을 세상 밖으로 끌어내는 창구가 됩니다.

하지만 Flora와 어머니의 갈등은 여전히 깊습니다. Flora는 어머니가 자신보다 책이나 일에 더 관심이 많다고 느끼며 상처를 받습니다. 어머니는 Ulysses를 받아들이지 못합니다. 다람쥐를 집 밖으로 내보내려 하며 Flora 와 더욱 멀어집니다. Flora는 자신의 감정을 표현하지 못한 채 더욱 마음 을 닫게 됩니다. 이야기의 전환점은 Ulysses가 쓴 시를 통해 이루어집니다. Ulysses는 Flora의 마음을 대신 표현합니다. 어머니는 그 시를 통해 딸의 진심을 처음으로 이해하게 됩니다. 말로는 표현되지 않았던 감정이 시라는 상징을 통해 전달됩니다. 결국 Flora와 어머니는 다시 마음을 열고 서로를 향해 다가갑니다.

감정과 관계의 흐름 읽기

1. 겉으로 강하지만 마음은 외로운 Flora

Flora는 겉으로는 이성적이고 강한 모습을 보이지만, 마음속에는 외로움과 상처가 자리하고 있습니다.

2. Ulysses - 감정을 끌어내는 특별한 존재

Ulysses는 단순한 다람쥐가 아니라, Flora의 감정을 이해하고 끌어내는 존 재입니다. 그가 쓰는 시는 Flora가 말로 표현하지 못하는 감정을 대신 전달 해 줍니다.

3. 표현에 서툰 엄마와 마음을 닫은 Flora

Flora의 엄마는 딸을 사랑하지만, 그 사랑을 표현하는 데 서툽니다. Flora 는 이를 무관심으로 오해하고 마음을 닫게 됩니다.

4. 시가 연결해 주는 마음

Ulysses의 시는 Flora와 엄마 사이의 감정의 다리가 됩니다. 이를 통해 엄 마는 Flora의 상처를 이해하고, Flora는 엄마의 사랑을 받아들입니다.

5. 감정과 상징으로 이어지는 관계 회복

이 작품은 말보다 시와 상징, 감정의 흐름을 통해 인물들의 진심과 관계 회복
을 그려냅니다.

독해 포인트 제안

1. Flora는 감정을 어떻게 숨기고 있었을까?

Flora는 감정을 겉으로 드러내지 않으려 합니다. 냉소적인 말투를 사용하며
상처받지 않으려 합니다. 하지만 Flora는 사실 사랑받고 싶어 하는 아이임을
알 수 있습니다. 감정을 드러내지 않으려는 노력 속에 외로움과 기대감이 숨
어 있습니다.

2. Ulysses는 어떤 존재이며, Flora에게 어떤 영향을 주었을까?

Ulysses는 겉으로 보기엔 단순한 다람쥐입니다. 글을 쓰고 시를 통해 감정
을 표현하며 Flora와 특별한 관계를 만들어 갑니다. Flora에게 첫 번째로 감
정을 나눌 수 있는 존재가 됩니다. Flora가 다시 사랑과 희망을 믿게 만드는
계기가 됩니다. Ulysses는 단순한 동물이 아니라 감정을 회복시키는 '치유
자'이자 동반자의 역할을 합니다.

3. 어머니는 왜 처음엔 Ulysses를 받아들이지 못했을까?

Flora의 엄마는 Flora와의 관계에서 감정을 잘 표현하지 못하는 인물입니
다. Ulysses를 처음엔 Ulysses를 낯설고 성가신 존재로 봅니다. 그러나 시
간이 지나면서 Flora는 Ulysses를 진심으로 아끼게 되고, 그를 통해 마음을
표현하는 법을 배우게 됩니다.

4. 이 이야기에서 진짜 슈퍼히어로는 누구일까?

이야기 속에서는 Ulysses가 실제로 날고, 시를 쓰며, 사람을 감동시키는 '슈

퍼히어로'적 존재로 등장합니다. 하지만 더 깊이 들여다보면 진짜 슈퍼히어로는 Flora, 혹은 Flora와 Ulysses의 관계일 수 있습니다. Flora는 자신의 감정을 받아들이고, 사람들과의 관계 속으로 한 발 내딛는 용기를 보여줍니다. Ulysses는 감정을 표현하는 법을 알려줍니다. 결국 이 작품의 진짜 슈퍼히어로는 사랑과 이해를 통해 서로를 바꿔나가는 관계 그 자체라고 볼 수 있습니다.

고난도 독해 질문

1. Flora는 왜 자신을 '냉소주의자'라 불렀을까요? 그 말 속에 숨은 감정은 무엇이었을까요?
2. Ulysses는 왜 시를 쓰게 되었을까요? 그 시들이 Flora에게 어떤 역할을 했는지 구체적으로 설명해 보세요.
3. 어머니는 왜 Flora의 감정을 잘 이해하지 못했을까요? 어떤 장면에서 두 사람의 관계가 회복되었나요?
4. 이 책은 유머와 상상을 많이 사용합니다. 하지만 그 속에 숨어 있는 진심은 무엇이었나요? 어떤 장면에서 그 진심이 가장 잘 드러났다고 생각하나요?
5. 당신은 이 이야기에서 '슈퍼히어로'가 무엇이라고 생각하나요? 그 힘은 어떤 모습으로 표현되었나요?

활동 아이디어

1. 마음 편지 쓰기

Flora의 입장에서 부모님께 진심을 담은 편지를 써 보세요. 평소에 하지 못했던 말, Ulysses와 함께하며 느낀 감정, 그리고 다시 가까워지고 싶은 마음을 자유롭게 표현해 봅니다.

2. 인물 감정 흐름 정리하기

Flora, Ulysses, 어머니 등 주요 인물들의 감정 변화를 시간 순서대로 정리해 보세요. 감정이 바뀐 계기, 행동의 변화 등을 함께 정리하면 관계의 흐름이 더 잘 보입니다.

3. 장면 속 대사 만들기

책 속에서 인상 깊었던 장면을 하나 고르고, 그 장면에 어울리는 대사나 속마음을 상상해 적어 보세요. 실제 책에 나온 대사가 아니어도 됩니다. 인물의 감정이 잘 드러나도록 표현하는 것이 중요합니다.

4. 한 문장 요약

"Flora & Ulysses는 ________________ 이야기이다."
나만의 문장으로 이 책의 주제를 요약해 보세요.

예 : Flora & Ulysses는 말하지 못한 감정을 시로 전하는 이야기이다.

『Flora & Ulysses』는 겉보기에는 슈퍼히어로 다람쥐와 소녀의 모험 이야기처럼 보입니다. 하지만 그 안에는 감정을 숨기고 살아가는 아이가 진심을 표현하고 관계를 회복해 가는 여정이 담겨 있습니다.

Reading the Story Inside Out

1. Understanding Flora's Emotions

A. How does Flora try to hide her emotions?

____

____

B. What special role does Ulysses play in Flora's life?

____

____

C. Why does Flora feel distant from her mother?

____

____

D. What changes their relationship? Describe the turning point.

____

____

2. The Meaning of Ulysses's Poetry

A. Why is Ulysses's poetry important in the story?

____

____

B. Read this short poem written by Ulysses. Then answer the questions.

Shine of leaf

You are the ever

Heart of all

I see

What feelings does Ulysses try to express in this poem?

____

____

Why do you think Flora is moved by this poem?

____

____

3. Superheroes of the Heart

A. What makes someone a hero in real life, even without superpowers?

____

____

B. Describe a moment in the book where kindness was more powerful than strength.

____

____

C. Think of someone you know who is like a superhero because of their heart. What do they do?

____

____

D. Write a 4-line poem for your "real-life superhero." Keep it simple and emotional.

____

____

____

____

4. Writing Prompt

Choose one and write a paragraph(5-6 sentences).

Option A: My Real-Life Superhero

Describe someone in your life who is a superhero-not because of powers, but because of kindness or understanding.

Option B: Flora's Letter to Ulysses

Imagine Flora writes a letter to Ulysses about how he changed her life. What would she say?

Option C: Ulysses's Poem to Flora

Write a new short poem as if Ulysses is writing it for Flora. It can be funny, sweet, or emotional.

____

____

____

____

____

____

4.

숨기려 해도 마음은 드러나요

『Shiloh』

"솔직히 말하면 모두가 상처받을 것 같을 때… 너라면 어떻게 할래?"
"옳은 일을 하려는데, 누군가에게 미움을 살 것 같다면 어떻게 해야 할까?"

이런 질문은 단순히 '정답'을 묻는 것이 아닙니다. 오히려 마음 깊숙한 곳의 감정과 마주하고, 무엇이 옳은지 스스로 판단하는 힘을 키우는 시작입니다. 『Shiloh』는 그런 내면의 갈등을 섬세하게 그려낸 작품입니다.

줄거리 요약

11살 소년 Marty는 산길에서 다리를 저는 비글 한 마리를 발견합니다. 마티는 그 개에게 'Shiloh'라는 이름을 붙여줍니다. 이후 그가 이웃집 Judd가 학대하던 개였음을 알게 됩니다. Marty는 Shiloh를 도로 돌려보내지만, 다시 돌아온 개를 외면하지 못하고 결국 몰래 숨기기로 결심합니다. Shiloh를 지키기 위해 마티는 부모에게 거짓말을 합니다. 뒷마당에 울타리를 쳐 비밀리에 돌봅니다. 하지만 모든 일이 계획대로 흘러가지는 않습니다. 이웃 강아지에게 Shiloh가 공격을 당해 부모님에게 들통나게 됩니다. 아버지에게 Shiloh를 다시 Judd에게 돌려보내겠다는 약속을 억지로 하게 됩니다.
하지만 마티는 쉽게 포기하지 않습니다. Judd가 불법 사냥을 한다는 사실을 알고 있는 Marty는 그것을 빌미로 거래를 시도합니다. 일주일간 그의 집에서 일을 하고, 그 대가로 Shiloh를 넘겨받겠다는 계약을 합니다. Judd는 이를 받아들이지만, 계약을 어기려는 듯한 태도를 보이며 Marty를 시험합니다. Marty는 실망하지만 끝까지 책임감 있게 일을 완수합니다. Judd는 Marty의 진심을 인정하고, 결국 Shiloh를 Marty에게 넘겨줍니다.

감정과 관계의 흐름 읽기

『Shiloh』의 감정 구조는 단순히 '소년이 개를 좋아해서 키우게 되었다.'는 직선적 흐름이 아닙니다. 이 이야기는 아이가 감정과 현실 사이에서 부딪히는 복잡한 갈등을 하나하나 마주하는 과정으로 구성되어 있습니다.

1. 두려움과 연민

Shiloh를 처음 만났을 때, 마티는 그 개가 Judd에게 학대받는다는 사실에 충격을 받습니다. 개를 향한 연민과 Judd에 대한 두려움이 동시에 Marty의 마음을 흔듭니다.

2. 거짓말과 죄책감

Marty는 개를 숨기며 부모님에게 거짓말을 해야 하는 상황에 놓입니다. 이 과정에서 그는 보호 본능과 죄책감 사이에서 갈등하며, 혼자 감정을 감당해 나갑니다.

3. 결단과 책임

Judd와의 거래는 단순한 협상이 아닙니다. Marty가 책임지고 문제를 해결하려는 시도입니다. 그는 억울함이나 분노에 기대지 않고, 자신의 방법으로 정의를 실현하려 합니다.

4. 신뢰와 화해

마지막 장면에서 Judd는 Marty에게 Shiloh를 넘깁니다. 두 사람 사이에 신뢰가 생기고 감정의 화해가 이루어진 상징적 순간입니다.

이처럼 Marty의 감정은 단순한 애정이나 동정심이 아니라, 책임, 용기, 성실함을 통해 구체화되고 관계를 변화시키는 힘이 됩니다.

독해 포인트 제안

1. 마티의 숨겨진 감정 읽기

Marty가 Shiloh를 몰래 돌보는 동안 어떤 감정을 느꼈을까요?

그의 행동에는 두려움, 책임감, 그리고 점점 깊어지는 애정이 섞여 있습니다. Shiloh를 위해 음식을 몰래 챙기고, 조심스럽게 숨겨주는 행동들 속에 마티의 갈등과 따뜻한 마음이 함께 드러납니다. 겉으로 드러나지 않은 감정의 실마리를 행동 속에서 찾아보세요.

2. 거짓말과 진실 사이의 감정

Marty는 왜 거짓말을 하면서도 결국에는 진실을 선택하려 했을까요?

Marty는 처음에는 Shiloh를 지키기 위해 거짓말을 합니다. 하지만 시간이 지날수록 양심의 무게를 느낍니다. 자신이 어떤 사람이고 싶은지를 고민하게 됩니다. 이 과정에서 느낀 죄책감, 책임감, 정직해지고 싶은 마음이 결국 진실을 선택하게 만든 감정입니다.

3. Judd의 감정 변화

Judd는 처음에 Marty를 그저 어린애로 여기며 무시합니다. 하지만 Marty가 약속을 지키기 위해 끝까지 노력하는 모습을 보며 그의 생각이 달라지기 시작합니다. Judd는 점점 Marty에게 신뢰와 놀라움, 그리고 묘한 존중을 느낍니다. Marty를 바라보는 Judd의 시선과 감정이 어떻게 변해가는지에 주목해 보세요.

4. 갈등이 감정을 드러내는 장치로 쓰였을까?

이야기 속 '갈등'은 감정을 어떻게 드러내고 있을까요?

Marty는 가족과의 갈등, 양심과 현실 사이의 갈등, Judd와의 갈등 속에서 성장합니다. 이러한 갈등은 등장인물들의 감정이 깊어지고 독자가 공감할 수 있도록 도와주는 역할을 합니다. 감정을 이해하기 위해 갈등이 어떤 방식으로 사용되었는지 생각해 보세요.

고난도 독해 질문

1. Marty는 왜 처음부터 정직하게 Shiloh를 키우겠다고 말하지 못했을까요? 그 순간의 감정은 무엇이었을까요?
2. 거짓말을 하고 있다는 죄책감 속에서도 Marty가 Shiloh를 지키기 위해 끝까지 행동한 이유는 무엇이었을까요?
3. Judd가 계약을 어기려 했을 때 Marty는 어떤 반응을 보였나요? 그 반응이 어떤 감정을 보여주었나요?
4. 마지막 장면에서 Judd가 Marty에게 Shiloh를 넘긴 이유는 무엇이었을까요? 그것은 Judd의 어떤 감정 변화를 보여주나요?
5. Marty는 이 과정을 통해 어떤 성장을 이루었나요?

활동 아이디어

1. 감정 일기 쓰기

• 나는 왜 이 일을 하고 있는가?
• 내가 진짜로 바라는 것은 무엇인가?

2. 등장인물이 되어 생각하기

• Marty나 Judd 중 한 명이 되어 다음 질문에 답해 보세요.

• 오늘 하루 중 가장 기억에 남는 사건은 무엇이었나요?

• 그 사건이 당신의 기분과 생각에 어떤 영향을 주었나요?

• 앞으로 어떤 선택이나 행동을 하고 싶나요?

3. 장면 속 대사 완성하기

이야기 속 중요한 장면 하나를 선택하세요. 그리고 그 장면에서 인물들이 실제로 나누었을 법한 대사를 적어 보세요.

상황: ____

등장인물 1 대사: "_______________________________"

등장인물 2 대사: "_______________________________"

이 대사를 통해 인물들의 감정이나 관계가 어떻게 드러나는지 설명해 보세요.

『Shiloh』는 단순히 개를 키우고 싶어 하는 소년의 이야기로 보일 수 있습니다. 하지만 그 안에는 갈등과 감정을 마주하고, 책임을 배우는 깊은 정서의 흐름이 담겨 있습니다. Marty는 '옳은 일을 하는 것'이 무엇인지 고민합니다. 감정에 휘둘리지 않고 감정을 책임지는 선택을 합니다. Judd는 Marty의 꾸준한 진심 앞에서 자기 행동을 돌아보게 됩니다.

Reading the Story Inside Out

1. Emotions Behind Marty's Choices

A. Why does Marty decide to hide Shiloh? What emotions do you think led to this decision?

____

____

B. Marty lies to his parents to protect Shiloh. What emotions does he feel while doing this?

____

____

C. How does Marty feel when Shiloh gets hurt and his secret is revealed?

____

____

D. Why does Marty choose to make a deal with Judd instead of giving up?

____

____

2. Judd's Changing View of Marty

A. At first, what does Judd think about Marty? How do his feelings change?

____

____

B. What moment shows that Judd begins to trust or respect Marty?

____

____

C. Why does Marty feel guilty even though he is trying to help Shiloh?

____

____

D. What does Marty learn about being responsible for his feelings and actions?

____

____

3. Writing Activity

Choose one and write a paragraph(5-6 sentences).

Option A: Marty's Journal

Write a journal entry as Marty the night after making the deal with Judd.

Option B: Judd's Reflection

Write a short reflection as Judd, explaining why he finally gave Shiloh to Marty.

Option C: Conflict and Emotion

Write about a time you felt torn between doing what was "right" and what felt "kind." What did you do, and how did it feel?

____

____

____

____

____

____

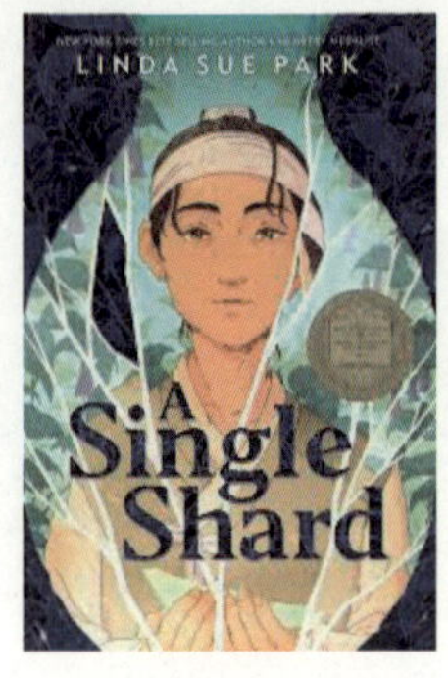

5.

말보다 행동이 마음을 전해줘요

『A Single Shard』

"누군가에게 진심을 전하고 싶은데, 말로는 부족하다고 느낀 적 있어? 그럴 땐 어떻게 마음을 보여줄 수 있을까?"

어떤 감정은 말로 다 담아낼 수 없습니다. 오히려 조용한 행동, 느린 기다림, 정성스러운 손길이 그 마음을 더 깊고 분명하게 전해주는 경우도 있습니다. 『A Single Shard』는 그런 감정과 관계의 변화를 담은 이야기입니다.

줄거리 요약

Tree-ear는 부모 없이 다리 아래에서 Crane-man이라는 노인과 함께 살아갑니다. 우연히 Min의 작업을 구경하다가 도자기를 깨뜨리게 됩니다. 그 대가로 일을 돕게 된 Tree-ear은 점차 흙을 만지고 굽는 과정을 직접 보게 됩니다. 도자기와 예술에 관한 이해가 깊어집니다.

Min은 엄격하고 인정이 없는 인물입니다. Tree-ear는 그의 말보다 그가 빚는 도자기에서 진심을 읽습니다. 일하는 동안 Tree-ear는 Crane-man의 가르침을 떠올리며 성실히 일합니다. Ajima는 그런 그에게 몰래 음식을 챙겨 주며 정을 베풉니다.

어느 날, Min은 왕에게 보낼 도자기를 만들게 됩니다. Tree-ear는 그 도자기를 왕에게 전하는 임무를 맡습니다. 험한 길을 가다 도자기는 깨지게 됩니다. Tree-ear는 단 하나의 조각을 품고 끝까지 여정을 마칩니다. 결국 Tree-ear는 Min의 제자로 받아들여집니다. 더불어 Crane-man의 죽음을 알게 된 Tree-ear는 슬픔 속에서 그가 남긴 가르침을 마음에 새기며 이야기는 마무리됩니다.

감정과 관계의 흐름 읽기

1. 말보다 행동으로 전해지는 감정

『A Single Shard』는 감정을 말로 직접 표현하지 않습니다. 행동과 태도를 통해 보여주는 작품입니다. 등장인물들은 감정보다 의무, 말보다 행동, 배려보다 존중을 통해 관계를 만들어갑니다.

2. Tree-ear - 책임과 성실로 신뢰를 얻는 아이

Tree-ear는 가난하고 이름조차 없는 소년입니다. 자신이 처한 상황을 받아들이며 책임감 있게 살아가려는 태도를 지닙니다. 실수를 숨기지 않고 정직하게 인정합니다. 끈기 있게 노력해 사람들의 신뢰를 얻습니다.

3. Min - 무뚝뚝하지만 마음을 여는 장인

Min은 처음엔 냉정하고 폐쇄적인 인물입니다. 하지만 Tree-ear의 태도를 보며 조금씩 마음을 엽니다. 그의 감정은 말보다 손의 떨림, 눈빛, 작별 장면의 행동 등으로 드러납니다.

4. Ajima - 따뜻한 밥 한 그릇의 마음

Ajima는 Tree-ear에게 말없이 밥을 챙겨주는 행동 하나로 따뜻한 마음을 표현합니다.
그녀의 사랑은 말 없는 배려 속에 숨어 있습니다.

5. Crane-man - 조용한 가르침의 울림

Crane-man은 이야기 속에서 가장 조용한 인물입니다. 하지만 정직과 겸손, 존중의 가치를 행동으로 보여줍니다. Tree-ear에게는 삶의 방향을 제시하는 스승이자, 가장 깊은 울림을 주는 존재입니다.

6. 감정은 천천히, 깊게 흐른다

이 작품의 관계는 빠르게 가까워지거나 극적인 사건으로 변화하지 않습니다. 대신, 오랜 시간 쌓이는 신뢰와 기다림이 인물들의 감정을 깊이 있게 만들어 갑니다.

독해 포인트 제안

1. 말보다 행동으로 드러나는 감정

Tree-ear는 말이 많지 않은 아이입니다. 대신 자신의 마음을 성실한 행동으로 표현합니다. 무거운 흙을 날라주고, 실수를 만회하기 위해 기꺼이 먼 길을 떠납니다. 깨어진 도자기 조각 하나를 들고 끝까지 포기하지 않습니다. 그의 감정은 바로 그런 행동 속에서 조용히 드러납니다.

2. Min은 왜 쉽게 마음을 열지 않았을까?

Min은 완벽을 추구하는 장인입니다. 아들을 잃은 상처를 안고 살아갑니다. 처음에는 Tree-ear에게 거리감을 두고 쉽게 신뢰하지 않습니다. 하지만 Tree-ear가 자신을 위해 먼 길까지 다녀온 뒤에는 Min도 조금씩 마음을 엽니다. 변화는 Tree-ear의 끈기와 진심을 통해 서서히 시작됩니다.

3. Crane-man과 Ajima의 감정 표현 방식

Crane-man은 늘 엄격하지만 항상 Tree-ear의 편이 되어주는 어른입니다. Tree-ear의 결정을 존중하며 조용히 지지와 신뢰를 보여줍니다.

Ajima는 따뜻한 말과 정성 가득한 음식으로 Tree-ear에게 보살핌과 사랑을 전합니다. 두 사람은 서로 다른 방식으로 Tree-ear에게 다가가지만, 함께 있을 때 진짜 가족보다 더 따뜻한 관계를 만들어 줍니다.

4. 조각(shard)은 무엇을 상징하는가?

완성된 항아리는 깨졌지만, Tree-ear는 포기하지 않고 자신의 성실함과 믿음을 보여줍니다. 그 조각 하나로도 모든 이야기가 전해질 수 있었던 이유는, 진심이 담긴 노력이 결코 작지 않기 때문입니다.

고난도 독해 질문

1. Tree-ear는 왜 직접 말하지 않고 자신의 행동으로 진심을 보여주려 했을까요?
2. Crane-man과 Ajima의 따뜻한 태도는 Tree-ear에게 어떤 영향을 주었나요?
3. Min은 왜 오랜 시간 동안 Tree-ear를 제자로 인정하지 않았나요? 그가 결국 마음을 연 계기는 무엇이었을까요?
4. Tree-ear가 깨진 도자기 대신 '조각 하나'만을 들고 돌아온 이유는 무엇이었을까요? 그것은 어떤 의미를 지녔나요?
5. 이 작품에서 '존중'이 사람들의 관계를 어떻게 바꾸고, 서로의 마음을 더 깊게 만들었는지 이야기해 보세요.

활동 아이디어 - 감정과 상징을 표현해 보기

1. 마음 일기 쓰기

Tree-ear가 조각을 들고 걷는 모습을 상상해 보세요. 그때 그의 마음을 기록해 보세요.

- 그 순간 어떤 감정을 느꼈을까요?
- 포기하지 않고 돌아가야 했던 이유는 무엇일까요?
- Crane-man에게 하고 싶은 말이 있다면?

2. 존중의 순간 포착하기

Crane-man, Ajima, Min이 Tree-ear에게 보여준 존중과 정성의 순간을 하나씩 골라보세요, 그 장면이 왜 감동적이었는지 설명하세요.

3. '조각'의 상징 그리기

Tree-ear가 끝까지 지켜낸 조각을 직접 그려보세요. 그 조각이 상징하는 가치(정성, 용기, 존중, 인내 등)를 단어로 표현해보세요.

4. 한 문장 요약

"A Single Shard는 ________________ 이야기이다."
자신만의 문장으로 이 책의 주제를 요약해 보세요.

'A Single Shard는 말보다 행동으로 마음을 전한 소년의 이야기이다.'

『A Single Shard』에는 큰 사건도 드라마틱한 대사도 없습니다. 그러나 이 이야기 속에는 말보다 강한 존중이 있고, 시간보다 깊은 정성이 있습니다. Tree-ear는 말없이 행동으로 마음을 전했습니다. 결국 진짜 제자가 되어 Min의 기술뿐 아니라 정신까지 이어받게 됩니다. Min과 Ajima, Crane-man은 각자의 방식으로 Tree-ear를 받아들입니다.

Reading the Story Inside Out

1. Understanding Tree-ear's Emotions

A. How does Tree-ear show his emotions through actions instead of words?

____

____

B. Why does Tree-ear stay honest and work hard, even when life feels unfair?

____

____

2. Relationships Through Quiet Respect

A. How does Ajima show care and affection to Tree-ear without speaking directly?

____

____

B. How does Crane-man influence Tree-ear's behavior and mindset?

____

____

3. Min's Emotional Journey

A. Why doesn't Min accept Tree-ear as an apprentice right away?

____

____

B. What moment makes Min change his mind about Tree-ear?

____

____

4. Symbolism of the Shard

A. What does the single shard Tree-ear carries to Songdo symbolize?

____

____

B. Why is the broken shard enough to show Tree-ear's devotion and Min's skill?

____

____

5. Writing Activity

Choose one and write a paragraph(5-6 sentences).

Option A: Tree-ear's Thoughts on the Way Back

Imagine Tree-ear walking home with the shard. Write a journal entry describing his emotions.

Option B: Min's Silent Realization

Write a reflection from Min's point of view after deciding to accept Tree-ear.

Option C: What the Shard Means to Me

Describe what the shard symbolizes and why it is important in the story.

____

____

____

____

____

6.

마음을 먼저 읽어야 '다름'을 이해할 수 있어요

『Rules』

"누군가랑 어울릴 때, '이건 꼭 지켜야 해.'라고 생각했던 규칙이 있어? 그 규칙이 오히려 마음을 더 어렵게 만든 적은 없었어?"

우리는 사람들과 잘 지내기 위해 나름의 규칙을 정하곤 합니다. 어떤 말을 해야 할지, 어떤 행동이 맞을지 고민하는 것은 사실 자신의 마음을 지키려는 노력일지도 모릅니다. 『Rules』는 이런 규칙과 진짜 마음 사이에서 고민하는 한 소녀의 이야기입니다.

줄거리 요약

Catherine은 자폐를 가진 동생 David와 함께 사는 12살 소녀입니다. Catherine은 David가 사회적 규범을 이해하지 못할 때마다 당황하고 창피함을 느낍니다. 동생이 예측 가능한 행동을 하도록 돕기 위해 '생활 규칙 노트'를 만듭니다. 이 규칙 노트는 "문을 열면 닫아야 해.", "욕조에서 물을 마시면 안 돼." 같은 단순한 문장들로 가득합니다. 사실은 Catherine이 불안한 세상을 정리하고 싶은 마음의 표현이기도 합니다.

Catherine은 David의 물리치료를 위해 병원을 같이 다니게 됩니다. 그곳에서 말을 하지 못하는 소년 Jason을 만납니다. 처음에는 어색했지만, Catherine은 Jason이 그림 카드를 사용해 의사소통을 한다는 사실을 알게 됩니다. 둘은 새로운 단어 카드를 만들어 주며 교류를 시작합니다. 이와 동시에 Catherine은 옆집에 새로 이사 온 Kristi와 친구가 되기를 원합니다. 그러나 Kristi 앞에서 Jason과의 관계가 드러나는 것을 두려워합니다. 자신이 '평범한 아이'처럼 보이고 싶기 때문입니다. 하지만 이야기가 전개되며 Catherine은 중요한 것은 외형이 아닌 진심이라는 것을 깨닫기 시작합니다. Jason에게 솔직한 마음을 전하고, 무도회에 함께 가기로 합니다. 마지막에는 동생 David와 손을 잡고 '있는 그대로의 관계'를 받아들이는 모습으로 이야기가 마무리됩니다.

감정과 관계의 흐름 읽기

『Rules』에서 감정은 크게 드러나지 않고, 오히려 작은 일상 장면 속에 숨어 있습니다. Catherine은 처음에 다른 사람들과 갈등이 있고 거리를 두지만, 점점 서로를 이해하고 연결되면서 관계가 변해 갑니다.

1. Catherine과 David

자폐를 가진 동생과의 관계는 복잡합니다. 동생을 사랑하지만, 때로는 부담스럽고 창피하기도 합니다. 그러나 Catherine은 David을 돌보며 점점 그를 '있는 그대로의 동생'으로 받아들이게 됩니다.

2. Catherine과 Jason

처음엔 동정심에서 시작된 관계였습니다. 점차 서로의 마음을 열며 진정한 친구가 됩니다. Jason이 "Sometimes I wish I could die."라고 말한 순간, Catherine은 처음으로 그의 고통을 진심으로 받아들이고 감정적으로 연결됩니다.

3. Catherine과 Kristi

겉으로는 친구가 되고 싶어 하지만, 진심은 통하지 않습니다. Kristi 앞에서는 Jason을 감추고 싶어 했던 Catherine은 결국 자신이 지켜야 할 진심이 무엇인지 깨닫게 됩니다.

독해 포인트 제안

1. Catherine이 만든 '규칙'은 감정의 반영이다

Catherine은 자폐 스펙트럼을 가진 동생 David를 돕기 위해 여러 '규칙'을 만들었습니다.

하지만 이 규칙들은 단순히 David만을 위한 것이 아니었습니다. Catherine 자신도 예측하기 어려운 상황 속에서 규칙을 세우며 마음의 안정과 질서를 느끼고 싶었습니다. 또한 사람들의 시선에서 가족을 지키고 싶은 마음도 있었죠. 결국 이 규칙들은 Catherine이 느끼는 두려움, 책임감, 사랑, 그리고 외로움이 함께 만들어 낸 것이었습니다.

2. 말없이 전해지는 감정 – Jason과의 관계 변화

Jason은 말을 하지 못하지만, Catherine과 조금씩 친해집니다. 처음에는 Jason을 돕는 일이 불편하고 어색했지만, 시간이 지나면서 Catherine은 마음에서 우러나는 진짜 교감을 느끼게 됩니다. 그녀는 Jason이 감정을 표현할 수 있도록 그림 단어 카드를 만들어 주고, 함께 사용합니다. 이 과정에서 Catherine은 진정한 우정과 자유롭게 마음을 표현하는 법을 배웁니다. 눈빛, 표정, 행동, 그리고 말없이 서로를 배려하는 순간들이, 말보다 더 큰 마음을 전해 주었습니다.

3. 규칙이 깨지는 순간, 감정은 선택을 이끈다

Catherine은 늘 규칙에 따라 움직여 왔습니다. 하지만 그 규칙을 스스로

깨는 선택을 하게 됩니다. Jason의 초대에 응하려다 망설이는 장면이나, 공개적인 장소에서 David과 함께 걷는 장면에서 그녀는 규칙보다 자신의 감정과 용기를 따르게 됩니다. 이 변화는 자신과 타인에 대한 이해와 관계를 맺고 싶다는 바람에서 비롯된 것입니다.

4. 무엇을 선택할 것인가 - 감정을 통한 성장 읽기

Catherine은 이야기 속에서 가족, 친구, 사회적 시선 사이에서 여러 갈등을 겪습니다. 때로는 동생을 부끄러워하기도 합니다. 친구에게 진실을 숨기기도 합니다. 하지만 중요한 순간마다 진심이 담긴 관계를 선택하며 성장합니다. Jason을 친구로 받아들이고, David을 있는 그대로 사랑하려는 모습은 Catherine이 감정을 회피하지 않고 마주한 결과입니다.

고난도 독해 질문

1. Catherine은 왜 Jason과의 관계에 불안감을 느꼈나요? 그 감정은 어디에서 비롯되었고, 어떻게 극복되었나요?
2. "그만하면 충분해(It's enough)"라는 말은 Catherine에게 어떤 변화의 순간이었을까요? 이 말 속에 담긴 감정은 무엇인가요?
3. 마지막에 David의 손을 잡는 장면은 어떤 감정적 메시지를 담고 있나요? 그 변화는 어떤 의미를 가질까요?
4. Catherine의 '규칙 노트'는 그녀의 심리 상태를 어떻게 보여주나요? 규칙이 깨졌을 때 그녀는 어떤 성장을 이루었나요?
5. 이 이야기는 '다름'을 어떻게 감정적으로 설명하고 있나요? 독자에게 전하고자 하는 진짜 메시지는 무엇인가요?

활동 아이디어(감정을 시각화하고 표현하기)

1. 감정 일기 쓰기

Catherine이 된 것처럼 하루를 기록해 보세요.

* David를 돌본 날
* Jason에게 그림 단어 카드를 만들어 준 날
* 무도회에 가기 전 날

이중에 하나를 골라서, 그날 무슨 일이 있었는지와 어떤 감정을 느꼈는지를 자세히 써 보세요.

2. 감정 단어 채우기

작품 속 인물들(Catherine, David, Jason)을 떠올려 보세요.

각 인물 이름 옆에 그 사람이 느낀 감정을 나타내는 단어를 2~3개씩 써 보세요.

Catherine: ___________ , ___________
David: ___________ , ___________
Jason: ___________ , ___________

『Rules』는 다름을 이해하고 받아들이는 법을 감정과 관계를 통해 보여주는 작품입니다. Catherine은 '규칙'이라는 틀을 만들어 불안한 세상을 견디려 했습니다. 하지만 사람과의 관계 속에서 그 규칙이 항상 맞는 것은 아니라는 것을 깨닫습니다.

진짜 규칙은 사회가 정한 것이 아니라, 마음이 말해 주는 것이라는 메시지를 전달합니다.

Reading the Story Inside Out

1. Reading Emotions through Actions

A. Why did Catherine write rules for David?

Write two emotions Catherine felt when making the rules.

Emotion 1: _______________________________

Emotion 2: _______________________________

B. Emotion Timeline

	Emotion	Reason
When they first met		
Middle		
End		

C. What did Catherine feel when Jason said, "Sometimes I wish I could die"?

____

____

2. Relationships and Change

A. Catherine and David

How does Catherine's attitude toward her brother David change?

____

____

B. Why did Catherine hide Jason from Kristi? What does this tell us about her?

____

____

3. Key Moments and Structure

A. Turning Point Moment

When does Catherine start questioning her own rules? What causes this?

____

____

B. Ending Reflection

How does the story end? What emotional message does it leave with the reader?

____

____

C. From Control to Connection

Complete the sentence:

"This story begins with _____________________________, but ends with

_____________________."

4. Writing Activity

Choose one and write a paragraph(5-6 sentences).

Option A: Catherine's Inner Voice

Imagine you are Catherine. Write a diary entry(6-7 sentences) about one important day in the story.

Describe what happened.

Explain how you felt in that moment.

End with one sentence about what you learned about friendship or family.

Option B: Emotion Letter to Jason

Write a short letter from Catherine to Jason after the dance. Apologize for something you regret. Share one thing you appreciate about him. Tell him one hope you have for your friendship in the future.

____

____

____

____

____

____

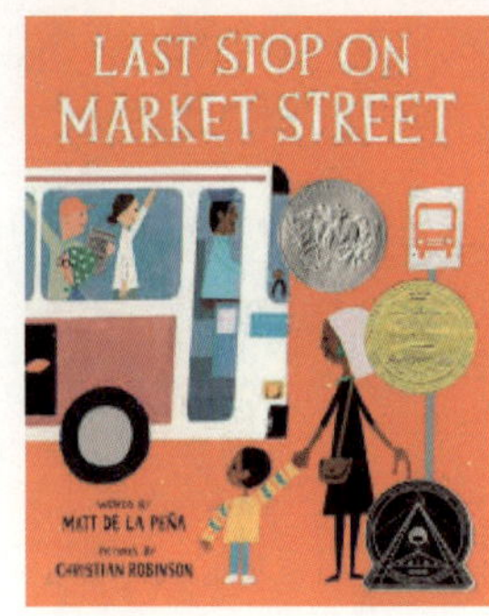

7.
일상 속 아름다움을 발견하는 여행

『Last Stop on Market Street』

"왜 우리에게는 차가 없을까? 비 오는 날 걸어가는 건 불편하지만, 그 안에서 다른 것을 볼 수도 있지 않을까?"

『Last Stop on Market Street』는 세상의 아름다움을 찾아가는 소년 CJ와 할머니 Nana의 버스 여행을 다룬 그림책입니다. 화려한 모험 대신 일상 속 따뜻함과 배려, 그리고 보이지 않는 풍경을 보여주는 작품입니다. 이 책을 통해 우리는 눈에 보이는 것 이상의 것을 볼 줄 아는 마음을 배웁니다.

줄거리 요약

이야기는 비가 쏟아지는 날, CJ가 할머니와 함께 교회를 나와 버스 정류장으로 향하는 장면에서 시작됩니다. CJ는 왜 비를 맞으며 걸어야 하는지 묻습니다. Nana는 "나무도 물이 필요해."라고 답하며 자연의 필요와 우리의 삶을 연결해 줍니다. 길에서 CJ는 친구가 아빠와 차를 타고 가는 모습을 부러워하지만, Nana는 차 대신 버스가 주는 경험의 가치를 알려 줍니다. 버스 안에는 다양한 사람들이 타고 있었고, CJ는 음악을 듣는 두 소년과 눈이 보이지 않는 남자를 만납니다. 그 남자가 기타를 치자 CJ는 처음으로 음악이 이렇게 아름다울 수 있다는 걸 느낍니다. 버스의 마지막 정류장은 시장 끝에 있는 무료 급식소였습니다. CJ는 그제야 자신과 할머니가 어려운 이웃을 돕기 위해 그곳에 가고 있었다는 것을 알게 됩니다. 이 짧은 버스 여행은 단순한 이동이 아니라, 나누는 마음과 사랑을 배우는 특별한 시간이었습니다.

감정과 관계의 흐름 읽기

1. 질문과 호기심의 도입

비를 맞으며 버스를 기다리는 동안 CJ는 "왜 우리는 차가 없어?" 같은 질문을 합니다. 이 단계에서 그는 세상에 대한 궁금증과 불평을 드러냅니다.

2, 관찰과 발견의 전개

버스 안에서 CJ는 자기와는 다른 사람들의 모습을 유심히 봅니다. 음악을 듣는 사람, 기타를 치는 사람, 친절하게 웃어주는 사람. Nana는 CJ가 이런 것들을 새로운 눈으로 보게 해 줍니다. 그 덕분에 CJ는 세상을 더 넓게 바라보게 됩니다.

3. 공감과 깨달음의 절정

기타 연주자는 CJ에게 아름다운 음악을 들려주고, Nana는 모든 순간을 "노래처럼" 느끼게 해 줍니다. 그래서 CJ는 가진 것이 많지 않아도, 따뜻한 사람들과 예술 속에서 행복을 느낄 수 있다는 걸 알게 됩니다. 이때 CJ의 마음은 공감과 감사로 변합니다.

4. 나눔과 성장의 결말

무료 급식소에서 봉사를 마친 CJ는 자신이 다른 사람들에게 도움이 되는 역할을 했다는 사실을 깨닫고 뿌듯함을 느낍니다. 이야기는 작은 친절과 공동체의 힘을 강조하며 끝납니다.

독해 포인트 제안

1. 다양한 시각을 보며 성장하기

CJ는 처음에는 자신의 불편함에 집중하지만, Nana는 주변에 숨겨진 아름다움을 보여 줍니다. 배경에서 반복되는 버스라는 공간은 이동과 자유를 상징하며 사람들이 서로 다른 환경에서 만나서 교감하는 장소입니다.

2. 물질과 마음의 균형

자동차를 가진 친구를 부러워하는 CJ에게 Nana는 음악과 대화, 자연을 통해 얻을 수 있는 풍요로움을 알려 줍니다. 책은 물질적 풍요보다 마음의 풍요가 더 중요함을 가르칩니다.

3. 세대 간의 관계

Nana는 CJ에게 연륜과 지혜를 전해 줍니다. 서로 다른 세대가 함께 시간을 보내며 배우고 나누는 모습이 이야기의 중심입니다.

4. 인종과 계급의 배경

그림과 이야기는 도시의 다양한 모습을 보여줍니다. 버스 안에서 만나는 여러 사람들의 모습과 사연이 CJ에게 사회의 다양성을 느끼게 합니다.

고난도 독해 질문

1. CJ는 왜 친구의 차를 부러워했나요? Nana는 뭐라고 대답했나요? 그 대답을 듣고 CJ는 무엇을 알게 되었나요?
2. 버스가 상징하는 것은 무엇일까요? 도시를 이동하는 도구 이상의 의미가 있을까요?
3. 이야기 속에서 '음악'은 어떤 역할을 하나요? 기타를 연주하는 남자를 통해 CJ가 느낀 감정은 무엇이었을까요?

4. 무료 급식소에서 봉사하는 장면이 CJ에게 어떤 감정적 변화를 주었는지
   설명해 보세요.

5. 이 이야기에서 말하는 '행복'은 무엇이라고 생각하나요?

활동 아이디어

1. 버스 안 풍경 그리기

CJ와 Nana가 탄 버스에는 어떤 사람들이 있었나요? 읽은 내용을 바탕으로
버스 안 풍경을 그림으로 표현해 보세요. 사람들의 표정과 소지품, 음악 등
세부 요소를 표현해 보면 좋습니다.

2. 나만의 감사 노트 만들기

CJ처럼 여러분도 일상 속에서 자주 놓치는 작은 고마움을 적어보세요. 비 오
는 날 친구와 우산을 함께 쓰는 순간, 버스 기사님이 건네는 인사, 가족과 함
께하는 식사처럼 따뜻하고 기분 좋은 순간들을 떠올려서 적고 서로 이야기
나눠 보세요.

3. 장면 그림으로 표현하기

CJ와 Nana, 버스 안의 승객이 나오는 주요 장면을 그림으로 그려 보세요.
특히 Nana가 CJ에게 세상을 새롭게 바라보는 방법을 알려주는 순간을 중심
으로 표현하면 좋습니다.

4. 나의 '마지막 정거장' 찾기

CJ가 무료 급식소에서 봉사를 하며 행복을 느꼈던 것처럼, 여러분도 누군가
를 돕거나 따뜻한 마음을 느꼈던 경험이 있나요? 그 순간을 글이나 그림, 시
로 표현해 보세요.

『Last Stop on Market Street』는 화려한 마법이나 모험 없이도 일상 속에서 발견할 수 있는 사랑과 감사의 이야기를 들려줍니다. CJ는 처음에는 가진 것 없는 자신을 불평하지만, 할머니 Nana와 버스를 타며 세상과 사람들의 소중함을 배웁니다. 여러분도 CJ처럼 주변을 둘러보며 작은 친절과 따뜻한 순간을 찾아보세요.

Reading the Story Inside Out

1. Understanding the Story's Journey

A. The author uses a single bus ride to tell the whole story. Why might that be?

____

____

B. What connects the story's beginning in the rain, the ride with the guitar music, and the ending at the soup kitchen?

____

____

2. Nana's Wisdom and Values

A. Nana doesn't give CJ a short answer.

When CJ asks, "Why do we walk in the rain?", Nana says, "Trees need water."

Why does Nana answer like this?

____

____

B. What seems more important to Nana: having a car like CJ's friend or appreciating what's around them?

____

____

C. Give an example of a moment when Nana surprised or impressed you. What did she do and why was it memorable?

____

____

3. Writing Prompt

Choose one and write a paragraph(5-6 sentences).

Option A: A Ride in My Shoes

Write a short diary entry from CJ's point of view about the bus ride. Describe what he sees, hears and feels.

Option B: Advice from Nana

Imagine you're facing a problem(feeling left out, wanting something you can't have). Write what Nana might say to you in her honest, warm style.

Option C: Describe a Favorite Moment

Write a few sentences about your favorite scene from the book. Explain what is happening and why this moment matters to you.

8.

낯선 곳에서 시작되는 감정의 여정

『Inside Out and Back Again』

"새로운 학교에 처음 갔을 때 어떤 기분이었어? 혹시 말이 잘 통하지 않거나 모두가 나만 쳐다보는 것처럼 느껴진 순간이 있었어?"

아마 그런 순간들은 누구에게나 두렵고 외롭게 느껴질 것입니다. 익숙한 곳을 떠나 낯선 곳에서 다시 시작한다는 건 쉽지 않은 일이죠. 『Inside Out and Back Again』은 바로 그런 감정을 섬세하게 담아낸 이야기입니다.

줄거리 요약

이야기는 베트남에서 시작됩니다. Hà는 아버지를 기다리며 가족과 평범한 일상을 보내고 있었습니다. 하지만 전쟁이 다가오자, 가족은 아버지를 남겨둔 채 배를 타고 탈출합니다. 긴 여정 끝에 난민 캠프를 거쳐 미국에 도착하게 됩니다. 미국에서 Hà는 낯선 언어, 문화, 음식, 그리고 사람들의 시선을 마주합니다. 학교에서는 외모와 말이 다르다는 이유로 놀림을 받고, 선생님은 Hà의 침묵을 오해합니다. 영어는 어렵고, 말이 잘 나오지 않아서 자신이 늘 틀린 사람인 것처럼 느껴집니다.

하지만 Hà는 시를 통해 감정을 표현하고, 주변의 작은 친절에 조금씩 마음을 엽니다. ESL 선생님의 미소, 친구의 과일 한 조각, 조용한 위로는 말보다 깊은 힘이 됩니다. 무엇보다, 매일 가족과 함께 밥을 먹는 시간은 Hà에게 안정과 위안을 줍니다. 새로운 땅에서 다시 뿌리내릴 수 있는 힘이 됩니다.

감정과 관계의 흐름 읽기

『Inside Out and Back Again』은 말보다 감정, 대화보다 시를 통해 사람들과의 관계를 이어가는 이야기입니다. Hà의 감정은 큰 사건에서 갑자기 드러나는 것이 아닙니다. 낯선 냄새, 익숙하지 않은 영어 발음, 사람들의 차가운 시선, 작은 친절 같은 평범한 일상 속에서 천천히 드러납니다.

1. 언어의 충돌

Hà는 영어를 이해하지 못하는 좌절을 겪습니다. 미국에서의 삶은 "모든 것이 뒤집힌 듯하다(inside out)."라고 표현합니다.

2. 조용한 친절의 힘

비슷한 처지의 친구, 손짓으로 건네는 과일, ESL 교실의 환한 표정. 이런 작은 친절은 말없이 Hà의 마음을 어루만집니다.

3. 가족과의 일상

베트남에서의 기억을 되살리듯, 매일 가족이 모여 밥을 먹는 장면은 Hà에게 익숙한 감정을 지켜주는 정서적 방패입니다. 미국이라는 낯선 땅에서도 가족은 변하지 않는 정체성의 일부입니다.

4. 시의 언어

Hà는 자신의 불안과 소망, 슬픔과 바람을 시로 써내려갑니다. 시는 그녀에게 마음을 숨기지 않아도 되는 안전한 공간입니다.

독해 포인트 제안

1. 처음 도착했을 때의 감정 - 시의 형식으로 드러나는 불안

Hà가 미국에 처음 도착했을 때 느낀 불안과 두려움은 「First Rule」, 「Inside Out」, 「Not the Same」 같은 시에서 잘 나타납니다.

짧고 끊긴 문장, 반복되는 단어, 공백이 많은 구조를 통해 혼란스럽고 낯선 감정이 그대로 전해집니다.

2. "mouth hurts." - 말보다 깊은 상실감

"입이 아프다."라는 표현은 단순히 말을 못한다는 뜻이 아니라, 말하고 싶어도 못하는 답답함과 외로움을 보여줍니다.

3. 작은 친절이 만든 큰 변화

친구의 미소, 선생님의 배려, 이웃의 음식 나눔은 「Most Relieved Day」, 「Neighbors」 같은 시에 나옵니다. 이런 작은 친절은 Hà에게 희망과 용기를 주고, 마음을 여는 계기가 됩니다.

4. 가족과의 식사 - 마음을 지켜주는 중심

가족과 함께 베트남 음식을 먹는 장면은 단순한 식사가 아닙니다. 그 시간은 Hà에게 안정감과 정체성을 지켜주는 소중한 순간입니다. 낯선 미국 땅에서도 가족과 함께하는 일상이 Hà에게 가장 큰 위로가 됩니다.

고난도 독해 질문

1. Hà는 ESL 교실에서 자신을 어떻게 느꼈고, 그 감정은 어떤 시에서 가장 잘 드러났나요?

2. Hà의 시 속에 자주 등장하는 '혼란'과 '침묵'은 어떤 감정의 결과였을까요?

3. Hà가 타인의 친절을 통해 처음으로 감정적으로 반응했던 장면은 어디였

을까요?

4. 가족과 식사를 함께 하는 장면은 단순한 일상일까요, 아니면 감정적으로
중요한 상징인가요?

5. 이 이야기를 '성장의 이야기'로 본다면, Hà가 가장 성장했다고 느껴지는
순간은 언제였나요?

활동 아이디어 - 감정과 낯섦을 표현해 보기

1. 시 쓰기 - 낯선 순간의 감정 표현

자신이 낯선 환경에 놓였다고 상상해 보세요. 그 순간 느낄 감정을 다섯 줄
이내의 짧은 시로 표현해 보세요.

모두가 웃는데 / 나는 모르는 말이었어

손을 들까 말까 / 배는 고픈데 / 말은 더 어렵다

2. 친절한 인물 그리기

Hà에게 친절을 베푼 인물을 하나 골라, 그 인물의 행동이 Hà에게 어떤 영향
을 주었는지 짧게 글로 써보세요. 그림으로 표현해도 좋습니다.

3. 나의 '식사 시간 이야기' 쓰기

가족과 함께한 따뜻한 식사 시간, 또는 특별한 감정이 남은 순간을 떠올려 글
로 써 보세요.

그 시간이 왜 특별했는지, 어떤 대화나 일이 있었는지 구체적으로 표현해 보
세요.

4. 주제 문장 만들기

"『Inside Out and Back Again』은 ___________ 이야기입니다."

자신만의 언어로 이 작품의 주제를 요약해 보세요.

『Inside Out and Back Again』은 단순한 이민자의 이야기가 아닙니다. 이 책은 '낯섦'이라는 감정을 언어가 아닌 시로 기록했습니다. Hà는 처음엔 낯선 언어와 문화 앞에서 두려움에 떨었습니다. 시를 쓰며 마음을 표현하고, 가족과의 일상에서 위안을 얻으며 점차 다시 설 수 있는 힘을 길러갑니다.

Reading the Story Inside Out

1. Hà's First Feelings

A. What are some feelings Hà had when she first arrived in America?

____

____

B. What daily things made her feel confused or uncomfortable?

____

____

C. How is Hà's reaction to school different from her life in Vietnam?

____

____

2. Expressing Feelings Through Poetry

Answer in 1-2 complete sentences.

A. What does the line "mouth hurts" tell us about Hà's feelings?

____

____

B. Why do you think Hà chose to write her feelings in poetry, not in normal sentences?

____

____

C. What kind of emotion is behind the phrase "everything feels inside out"?

____

____

3. Kindness That Changes Relationships

Answer in 1-2 full sentences.

A. Who showed kindness to Hà in small but meaningful ways?

____

____

B. How did Hà react to that kindness?

____

____

C. What changed in Hà's feelings after these kind gestures?

____

____

4. Connecting Emotion and Growth

A. When does Hà begin to accept her new life? What helps her?

____

____

B. What moment in the story shows Hà's biggest emotional growth?

____

____

C. What message about courage or identity do you take from Hà's story?

____

____

5. Writing Prompt

Choose one and write a paragraph(5-6 sentences).

Option A. **Write a short poem about a moment you felt like Hà - confused, lonely, or new.**

Option B. **Describe someone who was kind to you during a difficult time. What did they do, and how did it help?**

Option C. **Write about your own "family table" - a meal that made you feel safe, happy, or loved.**

____

____

____

____

____

____

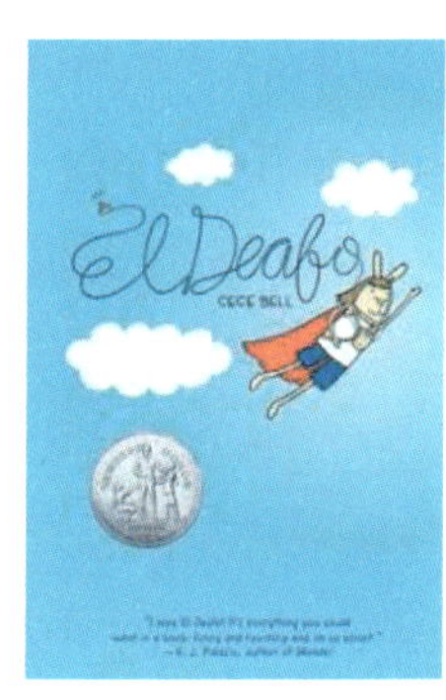

9.

들리지 않아도 진심은 전해져요

『El Deafo』

『El Deafo』는 작가 Cece Bell의 자전적 이야기를 담은 그래픽 노블입니다. 청각장애를 가진 어린 소녀가 '다른 사람'으로 살아가는 경험을 이야기합니다. 청각장애라는 현실을 바탕으로, 이 책은 '나와 다른 사람'에 관한 시선, 우정, 용기, 자존감의 회복을 주제로 깊이 있는 감동을 전합니다.

어릴 적 병으로 인해 청력을 거의 잃게 된 Cece는 커다란 보청기 'Phonic Ear'를 착용하고 새로운 학교에 입학하게 됩니다. 이 보청기는 선생님의 말을 멀리서도 들을 수 있는 놀라운 기능을 갖추고 있습니다. 동시에 Cece를 다른 친구들과 다르게 보이게 만드는 장치이기도 합니다. 친구들과 소통하고 싶지만, 눈에 띄는 장비와 어눌한 말투는 Cece를 점점 고립시킵니다.

줄거리 요약

새로운 학교, 새로운 친구들, 그리고 '들리지 않는' 세계. Cece는 Phonic Ear 덕분에 수업을 따라갈 수 있습니다. 하지만 점점 '다른 존재'라는 자의식을 강하게 느낍니다. 친구들은 호기심 반, 장난 반으로 Cece의 보청기를 주목합니다. Cece는 자신을 이해해주지 않는 또래들 사이에서 당황과 외로움을 반복합니다.

Cece는 여러 친구들과 어울리려 노력합니다. 그러나 진심을 나눌 수 있는 친구를 쉽게 만나지 못합니다. 그런 관계 속에서 Cece는 점점 침묵하고, 자신을 숨기게 됩니다. 그러던 중, 상상 속 캐릭터 'El Deafo'의 등장은 Cece의 내면을 변화시킵니다. 'El Deafo'는 Cece가 만들어낸 슈퍼히어로입니다. Phonic Ear를 '장애'가 아닌 '초능력'으로 여기게 하는 상상 속 자아입니다. 선생님의 목소리를 멀리서도 들을 수 있다는 점을 '도청 능력'처럼 여깁니다. 점점 이 장비를 창피한 것이 아니라 '특별함'으로 받아들이기 시작합니다. 정체성의 변화 속에서 Cece는 Martha라는 친구를 만납니다. Martha는 Cece를 있는 그대로 받아들입니다. 보청기를 특별하게 여기지 않습니다. 이 관계는 Cece에게 진짜 '연결'이 무엇인지 깨닫게 해 줍니다.

감정과 관계의 흐름 읽기

1. 친구 선택과 소외

Cece는 진정한 친구를 찾기 위해 Laura, Ginny 등 다양한 친구들과 어울려 봅니다. 그러나 그들과의 관계는 Cece가 자신을 숨기게 만듭니다. Martha와의 우정은 달랐습니다. Martha는 Cece를 판단하지 않고, 보청기를 의식하지 않았습니다. Cece와 평등한 관계를 맺습니다.

2. 자존감의 회복

초반의 Cece는 Phonic Ear를 부끄럽게 여기며 숨기려 합니다. 하지만 'El Deafo'라는 자아를 만들어냅니다. 점점 자신을 감추는 대신, 자신의 이야기를 말할 수 있게 됩니다.

3. 관계의 확장

자신의 감정을 솔직하게 표현하고, 자신만의 정체성을 받아들입니다. Cece는 친구, 선생님과의 관계에서도 주도권을 갖기 시작합니다. 이제 Cece는 듣지 못하는 아이가 아닌, 자신의 방식으로 세상과 소통할 줄 아는 'El Deafo'입니다.

독해 포인트 제안

1. 장애물에서 능력으로 – Phonic Ear를 받아들이는 감정 변화

처음에 Cece는 Phonic Ear를 불편하고 창피한 '장애물'로 느낍니다. 눈에 띄는 이 보청기는 친구들과 Cece를 다르게 보이게 만들고 자신감을 잃게 하죠. 하지만 점차 선생님의 소리를 멀리서도 들을 수 있다는 사실을 알게 됩니다. Cece는 이 기계를 특별한 능력처럼 인식하기 시작합니다. 이러한 감정 변화는 자기 수용과 자존감 회복의 중요한 과정입니다. 다름을 받아들이는 성장의 순간을 보여줍니다.

2. 친구들과의 관계 속 '다름'의 부각

Cece는 일상에서 끊임없이 다름을 인식하게 됩니다. 친구들의 과도한 배려, 무심한 놀림, 의도치 않은 오해 속에서 Cece는 소외감을 느낍니다. 자신이 '정상'과 멀리 떨어져 있다고 생각합니다. 이 경험들은 청각 장애가 단순한 신체적 차이만이 아니라 사회적 감정의 격차로도 이어질 수 있음을 보여줍니다.

3. El Deafo의 상상 – 감정의 회복과 자기 방어

El Deafo는 Cece가 만들어 낸 상상의 히어로입니다. 현실에서 말하지 못한 감정, 무력했던 순간들을 El Deafo라는 캐릭터에 투영합니다. Cece는 자신의 존재를 재해석하게 됩니다. 이 상상은 단순한 환상이 아닙니다. Ccce가 세상과 자신을 견디고 해석하는 방법, 그리고 심리적 안정감을 얻는 통로입니다. 결국 El Deafo는 Cece가 진짜 자신을 이해하고, 받아들이기 위한 내면의 목소리입니다.

고난도 독해 질문

1. 'El Deafo'는 Cece에게 어떤 의미를 가졌을까요? 이 상상 속 캐릭터가 실제 삶에 어떤 영향을 주었나요?

2. 친구들과의 관계에서 Cece는 어떤 실망과 깨달음을 경험했으며, 그것이 그녀의 자존감에 어떤 영향을 주었나요?

3. Martha는 Cece를 어떻게 대했나요? 왜 Martha와의 우정은 특별하게 느껴졌을까요?

4. 이 책은 '다름'을 어떻게 해석하고 있나요? 독자가 이 이야기를 통해 얻을 수 있는 메시지는 무엇인가요?

활동 아이디어

1. 감정일기 쓰기

Cece의 시점이 되어, Phonic Ear를 처음 착용하고 학교에 가는 날의 마음을 일기로 써 보세요. 걱정, 기대, 두려움이 어떻게 섞여 있었는지 상상해 봅시다.

2. 나만의 슈퍼히어로 능력 적기

여러분이 초능력을 가질 수 있다면, 어떤 능력을 갖고 싶나요? 그 능력이 필요한 이유를 함께 써 보세요. Cece처럼 자신을 지키거나 표현할 수 있는 능력을 상상해 보세요.

3. 조명과 그림 연출 관찰하기

그래픽 노블 속 Phonic Ear 장면을 찾아보고, 글이 아닌 그림으로 감정이 어떻게 표현되고 있는지 분석해 보세요. Cece의 표정, 배경 색, 말풍선 크기 등이 어떤 감정을 전달하나요?

4. 나의 우정 이야기 쓰기

Martha처럼, 여러분에게 특별한 친구가 있었던 경험이 있다면, 그 친구가 어떤 행동을 했는지, 왜 잊히지 않는 우정인지 짧게 글로 써보세요.

『El Deafo』는 단순한 청각장애 극복 이야기가 아닙니다. 이 책은 보이지 않는 차이, 설명되지 않은 고립과 심리적 거리감을 이야기합니다. Cece는 '다르다'는 감정 속에서 외로움을 경험했지만, '다름'을 당당히 받아들이고 자신의 일부로 만들 줄 아는 용기를 배웁니다.

Reading the Story Inside Out

1. Feeling Through Experience

A. Emotion Map - Cece and the Phonic Ear

Show the changes in Cece's emotions in chronological order after she started wearing the Phonic Ear.

	Emotion	Reason or Event
First	Embarrassment	
Middle	Confusion	
Later	Confidence	

B. What helped Cece feel better about using the Phonic Ear?

____

____

2. Superpower Inside

A. Why did Cece imagine herself as El Deafo?

____

____

B. Draw El Deafo's power in your own words or pictures.

C. How did El Deafo help Cece handle difficult emotions?

____

____

3. Friendship Test – Real or Fake?

A. Check the statements you think describe a "real friend."

Listens without laughing at your difference ☐

Makes fun of things you can't control ☐

Says "It's no big deal" when you're upset ☐

Stands up for you when others are rude ☐

Always wants to be in charge ☐

Apologizes when they hurt your feelings ☐

B. Which friend in the story made Cece feel accepted? Why?

____

____

4. Visual Clues – How Does the Book Show Emotion?

A. How does the comic format(color, layout, sound bubbles) help us understand Cece's feelings?

____

____

5. Writing Activity

Choose one and write a paragraph(5-6 sentences).

Option A: Journal Entry - First Day with the Phonic Ear

How did she feel? What did she worry about? What did she hope for?

____

____

____

____

____

____

Option B: Create Your Own Superpower

Name: _______________________________

Power: _______________________________

Why this power? _______________________________

When would you use it? _______________________________

10.

작은 오해에서 시작된 용기

『The Hundred Dresses』

"혹시 친구가 너와 다르다는 이유만으로 놀린 적 있어?"

"친구가 뭔가 거짓말 하고 있는 것 같다고 느껴질 때, 정말 그런 걸까 생각해 본 적 있어?"

교실에서는 종종 보이지 않는 차별과 오해가 생깁니다. 『The Hundred Dresses』는 한 순간의 오해가 얼마나 깊은 상처를 남기고, 결국에는 변화와 용기로 이어질 수 있는지를 보여주는 작품입니다. 이야기의 핵심은 각기 다른 이유로 상처받은 여자아이들, 특히 Wanda Petronski와 이를 바라보는 친구 Maddie의 시선을 통해 전개됩니다.

줄거리 요약

폴란드계 이민자 소녀 Wanda는 불우한 집안과 낯선 이름, 그리고 매일 같은 낡은 파란 드레스를 입고 학교에 옵니다. 그러던 어느 날, Wanda는 "내 옷장에는 100벌의 드레스가 있어."라고 말합니다. 이 말은 Peggy와 Maddie에게 조롱거리가 되고, Wanda는 계속 놀림을 받지만 아무말도 하지 않습니다. 그러던 중 학교에서 드레스 디자인 공모전이 열립니다. Wanda는 실제로 100벌의 아름다운 드레스 그림을 제출해 당당히 우승합니다. 같은 반 친구들은 뒤늦게 그녀의 상상력이 단순한 거짓이 아니라는 것을 깨닫고 깊이 후회하게 됩니다. 하지만 그때는 이미 Wanda가 전학을 간 뒤였죠. 대신 그녀는 친구들에게 "너희들이 그 그림을 갖고 있어도 돼."라는 따뜻한 메시지를 남기며 마음을 전했습니다.

감정과 관계의 흐름 읽기

1. 시작(거리감과 오해)

Wanda는 매일 같은 파란 드레스를 입고 조용히 지내지만, "옷장에 100벌의 드레스가 있다"는 말 때문에 친구들에게 놀림을 받습니다. Peggy가 앞장서서 놀리고, Maddie는 곁에서 동조하지만 속으론 불편해합니다.

2. 중반(불편함과 갈등)

Maddie는 죄책감을 느끼지만 차마 나서지 못합니다. Peggy는 계속 Wanda를 놀리지만, 점점 그녀의 조용한 자신감에 당황합니다.

3. 클라이맥스(진실의 순간)

드레스 대회에서 Wanda는 실제로 100벌의 그림을 제출해 우승을 합니다. 친구들은 그녀의 말이 진심이었음을 깨닫고 놀람과 미안함을 느낍니다.

4. 결말(용서와 깨달음)

전학 간 Wanda는 "그림을 갖고 있어도 돼다"는 편지를 남깁니다. Maddie는 앞으로 잘못된 일을 보면 가만있지 않겠다고 다짐합니다. Peggy는 미안해하지만 끝내 사과하지 못합니다.

독해 포인트 제안

1. '100벌 드레스'의 의미

Wanda가 "집 옷장에 100벌 드레스가 있어."라고 말했을 때, 친구들은 거짓말이라 여겼습니다. 하지만 이 말은 단순 허풍이 아니라, 그녀가 가진 상상력과 소망, 그리고 가난과 소외 속에서도 자신을 지키려 했던 표현입니다. 이 발언이 Wanda의 내면을 어떻게 드러내는지 생각해 봅시다.

2. Maddie의 내적 갈등

Maddie는 Wanda를 놀리는 데 동참하면서도 점점 죄책감을 느낍니다. 혼자 울고 있는 Wanda를 보며 자신이 잘못하고 있다는 것을 깨닫지만, 친구 Peggy와의 관계가 두려워 끝내 침묵합니다. 이러한 내면의 변화는 Maddie가 성장하는 과정에서 중요한 전환점이 됩니다.

3. 결정적 순간

학교에서 열린 그림 공모전에서 Wanda는 실제로 100벌의 아름다운 드레스 스케치를 제출해 우승합니다. 이 장면은 Wanda가 단순히 허풍을 늘어놓은 것이 아니라, 재능과 진심을 담고 있음을 보여주는 전환점입니다. 친구들은 그제야 자신들이 얼마나 그녀를 오해했는지 깨닫습니다.

4. Wanda의 마지막 메시지

Wanda는 전학을 떠나며, 자신이 그린 드레스 그림을 친구들이 가져가도 좋다는 메시지를 남깁니다. 이 배려는 용서와 이해의 표현으로, Maddie와 Peggy뿐 아니라 독자에게 깊은 울림을 줍니다.

고난도 독해 질문

1. Wanda의 상상력은 그녀가 겪는 현실을 어떻게 이겨내게 했을까요?
2. Maddie의 후회는 그녀의 어떤 내면적 변화로 이어졌나요?
3. Peggy와 Maddie의 사과가 Wanda에겐 어떤 영향을 미쳤을까요?
4. 이 이야기를 통해 우리는 정체성과 소속감에 대해 무얼 배울 수 있을까요?

5. 만약 여러분이 Maddie였다면, 어떻게 행동했을 것 같나요?

활동 아이디어

1. 감정 지도 그리기

이야기 속 주요 장면 네다섯 개를 시간 순서대로 고릅니다. 각 장면에서 Wanda, Maddie, Peggy의 감정을 한 단어나 짧은 구로 표현합니다. 감정을 색으로 표시해도 좋으며, 완성된 지도를 보고 감정 변화 과정을 간단히 설명합니다.

2. 나만의 드레스 디자인

자신이 상상하는 '마음의 드레스'를 그리고 색, 무늬, 장식에 의미를 담습니다. 그림 아래에 '이 드레스는 나에게 ○○을 의미한다' 형식으로 3~4문장을 쓰고, 완성 작품을 전시해 친구들과 공유합니다.

3. 사과 편지 쓰기

Maddie의 입장에서 Wanda에게 사과와 응원의 편지를 씁니다. 과거 행동에 대한 사과와 앞으로 불의한 상황에 침묵하지 않겠다는 다짐을 담아 6~8문장으로 작성하세요. 인사말과 맺음말도 포함합니다.

이 작품은 단순한 어린 시절 이야기 그 이상의 울림을 줍니다. 편견과 오해 속에서도 상상력과 공감, 그리고 용기 있는 사과를 통해 진정한 변화가 가능하다는 희망을 전합니다. 『The Hundred Dresses』는 우리에게 진정한 용서는 누군가를 이해하려는 마음에서 출발함을 조용히 일깨워줍니다.

Reading the Story Inside Out

1. Emotion Tracker

A. Choose one character(Wanda, Maddie, or Peggy) and track their emotions from the beginning to the end.

☐ Wanda   ☐ Maddie   ☐ Peggy

	Emotion at This Time	Reason or Event
Beginning		
End		

B. What event caused this emotional change for your character?

____

____

2. Relationship Web

Match each character with how their relationship changed:

Wanda →

Maddie →

Peggy →

Changes:

Feels deep regret and becomes kinder

Learns to speak up for others

Forgives classmates gracefully

3. Unspoken Emotions

A. Although Wanda is teased and leaves, she never expresses anger directly. Imagine something kind she might say to each girl who teased her.

To Maddie: "   "
To Peggy: "   "

4. Real-Life Reflection

A. Have you ever ended up regretting how you treated someone different? What happened?

____

____

B. **Complete this sentence:**

"When someone shows me kindness I didn't expect, I feel _________

____**."**

C. **If you could write Wanda a message, what would you say?**

____

____

5. Writing Prompt

Choose one and write a paragraph(5-6 sentences).

Option A: Emotion Diary

Write a diary entry from Maddie's perspective on the day Wanda didn't return to school. Explain how she feels, why it's confusing, and what she hopes happens next.

Option B: Character Change Card

Pick one character(Wanda, Maddie, or Peggy). Describe who they were at the beginning, how they changed, and what caused that change.

Option C: Letter to Wanda

Write a letter to Wanda expressing what she taught you about kindness, courage, or forgiveness.

생각의 폭을
넓히며 읽기

질문하고 연결하는 사고력 독서

1.

퍼즐처럼 흩어진 조각, 하나로 연결되는 이야기

『Holes』

"이 장면, 왜 갑자기 과거 이야기가 나올까?"
"이 인물은 앞에서 봤던 사람이랑 무슨 관계일까?"

『Holes』를 읽다 보면, 이런 질문이 저절로 떠오릅니다.
처음엔 그저 억울하게 누명을 쓰고 캠프에 보내진 한 소년의 이야기처럼 보입니다. 하지만 책장을 넘길수록 과거와 현재, 전설과 현실, 여러 인물이 정교하게 얽히며 하나의 커다란 그림을 완성해 갑니다.

줄거리 요약

주인공 Stanley Yelnats는 억울하게 절도 누명을 쓰고 소년원 'Camp Green Lake'에 보내집니다. 이곳에서는 매일 일정 크기의 구덩이를 파야 하는 이상한 규칙이 있습니다. 겉으로는 성격 교정을 위한 훈련처럼 보이지만, 점차 이 캠프가 사실은 무언가를 찾기 위한 장소임이 드러납니다.
이야기는 Stanley의 현재 이야기와 함께 19세기 미국을 배경으로 한 두 개의 과거 서사가 병렬로 전개됩니다. 처음에는 무관해 보이던 이 이야기들이 구덩이 속에서 발견되는 단서들을 통해 하나씩 연결되고, 결국 Stanley는 자신과 조상의 운명을 바꾸며 정의를 되찾는 인물로 성장합니다.

감정 및 이야기 구조 분석(시간의 겹과 연결의 힘)

『Holes』의 가장 독특한 특징은 다양한 시점과 인물, 시대가 하나의 결말을 향해 유기적으로 연결된다는 점입니다. 단순히 '시간이 바뀐다.'라는 차원이 아닙니다. 과거의 선택이 현재에 영향을 주고, 현재의 행동이 과거의 상처를 치유하는 구조입니다. 학생들은 이야기 속 퍼즐 조각들을 따라가며 연결의 의미를 발견하게 됩니다.

1. 도입

억울한 누명을 쓰고 소년원 'Camp Green Lake'에 보내진 Stanley는 부당한 처벌 속에서 그는 낯선 환경에 적응해야 합니다.

2. 전개

매일 구덩이를 파는 반복적인 생활이 이어집니다. 그 과정에서 과거와 연결된 단서들이 서서히 모습을 드러냅니다.

3. 위기

캠프의 진짜 목적이 탐욕과 비밀에 있다는 사실이 밝혀집니다. Stanley는 이를 막기 위해 중대한 결정을 내려야 합니다.

4. 절정

과거와 현재의 이야기가 하나로 이어집니다. Stanley는 정의를 위해 도망치고, 진실과 맞섭니다.

5. 결말

모든 비밀이 풀리고 퍼즐이 완성됩니다. Stanley는 가족의 오랜 저주를 끝내고 자유를 되찾습니다.

생각을 넓히는 독해 포인트

1. 과거와 현재는 어떻게 연결되는가?

전혀 다른 시기의 이야기가 어떻게 하나의 결말을 향해 모이는지를 관찰해보세요. 모든 등장인물과 사건은 결국 'Stanley'라는 인물의 변화에 기여합니다.

2. 반복되는 상징은 무슨 의미일까?

'구덩이', '양파', '입맞춤', '저주'와 같은 단어는 상징으로서 반복되며 감정과 사건을 연결합니다. 상징 하나하나가 이야기의 주제와 어떤 관계를 맺는지 생각해보세요.

3. Stanley는 어떻게 성장했을까?

단순히 억울함을 견딘 소년이 아니라, 직접 진실을 찾고 부당함에 맞선 주체적인 인물로 변화합니다. 그 변화의 순간들을 따라가며, 자신의 삶에도 적용해 볼 수 있습니다.

고난도 독해 질문

1. 이 소설에는 왜 세 가지 시대의 이야기가 함께 등장할까요? 각각의 이야기들이 어떻게 연결되며, 그 연결은 어떤 의미를 가집니까?
2. Stanley의 조상이 받은 '저주'는 실제로 존재한다고 생각하나요, 아니면 작가가 상징적으로 만든 개념일까요?
3. Katherine과 Sam의 사랑 이야기는 현재의 어느 사건과 연결되며, 그 연결이 중요한 이유는 무엇인가요?
4. '구덩이'는 단순한 공간이 아닙니다. 어떤 의미에서 이 이야기에 반복적으로 등장하고 있나요?
5. Stanley는 처음과 마지막에 어떻게 달라졌나요? 어떤 선택이 그의 용기와 책임감을 보여주었나요?

활동 아이디어

1. 타임라인 연결 활동

Stanley, Elya, Katherine과 Sam의 이야기 흐름을 각각 정리해 봅니다.
어느 지점에서 연결되고 영향을 주고받는지 선으로 이어보는 활동입니다.

2. 상징 추적 활동

양파, 저주, 구덩이 등 반복되는 상징을 정리한 '상징 노트'를 만들어 봅니다.
각 상징이 어떤 인물과 감정, 변화와 연결되는지 정리해보세요.

3. '믿음'에 관한 토론 활동

책 속 인물 중에서 '믿을 수 있는 사람'과 '믿기 어려운 사람'을 각각 정합니다.
그 이유와 근거를 설명해보는 활동입니다. 이 과정에서 인물의 말과 행동을
근거로 분석하게 됩니다. 비판적 사고력을 기를 수 있습니다.

『Holes』는 이야기 속 단서들을 추적하며 '왜 이 장면이 나왔을까?'를 끊임없
이 질문하게 만듭니다. 퍼즐 조각처럼 흩어진 이야기들을 연결하며 사고의 깊
이를 확장시키는 작품입니다. 학생들은 단순한 줄거리 이해를 넘어, '연결된
이야기' 속에서 '연결된 사고'를 하게 됩니다.

Reading the Story Inside Out

1. Uncovering the Puzzle

A. Why is Elya's story important to Stanley's present life?

____

____

B. Imagine the story without Katherine and Sam's part. What would
be missing?

____

____

2. Symbols and Secrets

A. What does the hole represent in the story? Write two meanings.

____

____

B. Onions appear again and again. Why? What do they represent to
Stanley and Zero?

____

____

C. **What does the "curse" really mean? Do you think it's real or just symbolic? Explain your opinion.**

____

____

3. Character Choices and Growth

A. **Stanley changes from a quiet, unlucky boy to someone brave. What helps him grow?**

____

____

B. **Draw a picture of Stanley when he makes his bravest decision. What is he doing?**

Caption: ____

C. What was Stanley's most important choice in the story? How did it
help him or others?

____

____

4. Finding Connections in Your Life

A. Have you ever felt like something in your life was a puzzle? What
helped the pieces come together?

____

____

B. If you had to "dig a hole" every day, what would it symbolize in
your life?

____

____

C. Choose one word from this story(like: curse, hole, onion, shovel)

and make it your own symbol.

Draw or describe what it means in your story.

My word: ____________________   It means: ____________________

2.

숨겨진 이야기 속에서 꺼내는 용기

『When You Trap a Tiger』

"네가 가진 이야기를 누군가에게 들려준 적 있어? 아니면 마음속 깊은 곳에 숨겨 아직 말하지 못한 이야기가 있어?"

『When You Trap a Tiger』는 바로 그런 '말하지 못한 이야기'와 마주하게 되는 한 소녀의 이야기입니다. 조용히 자신을 감추고 살아가던 주인공 Lily 는, 할머니의 병과 함께 찾아온 전설 속 호랑이를 통해 오래 숨겨져 있던 가족의 비밀과 자신 안의 감정을 마주하게 됩니다. 이 작품은 한국 전래동화의 신비로운 분위기를 배경으로 합니다. 가족을 향한 그리움, 이민자로서의 정체성, 그리고 용기를 내어 자신의 이야기를 꺼내는 과정을 담고 있습니다. Lily는 처음엔 눈에 띄지 않기 위해 '투명해지고 싶다'고 생각했습니다. 하지만 시간이 흐를수록 자신이 누구인지, 어떤 이야기를 품고 있는지 깨닫게 됩니다. 그리고 마침내, 그 이야기를 세상에 꺼내놓을 용기를 갖게 되죠.

줄거리 요약

Lily는 엄마, 언니 Sam과 함께 할머니(Halmoni)의 집이 있는 Sunbeam 이라는 마을로 이사를 오게 됩니다. 새로운 환경에 적응하던 중, Lily는 갑작스럽게 길 위에서 전설 속의 존재인 호랑이를 보게 됩니다. 이 호랑이는 단순한 환상이 아니라, Lily의 가족과 얽힌 오래된 이야기의 일부였습니다. 호랑이는 할머니가 훔친 이야기를 돌려받기 위해 Lily에게 거래를 제안합니다. 병든 할머니를 위해 Lily는 이 위험한 거래에 뛰어들기로 결심합니다.

그 순간부터 Lily는 단순한 소녀가 아니라, 숨겨진 이야기를 되찾고 가족의 진실을 마주하는 용기를 선택한 존재로 변해갑니다. 병든 할머니, 무심한 언니, 새로운 친구 Ricky와의 관계도 Lily의 내면적 변화와 함께 조금씩 열리고 회복됩니다. 이야기의 끝에서 Lily는 단지 할머니의 이야기를 되찾은 것이 아니라, 자신이라는 존재의 서사를 스스로 만들어 나갈 수 있는 힘을 갖게 됩니다.

감정 및 이야기 구조 분석

『When You Trap a Tiger』는 Lily의 내면 여정, 즉 두려움에서 용기로 나아가는 감정의 선을 중심으로 전개됩니다.

1. 도입

Lily는 새 마을로 이사를 옵니다. 낯선 환경, 외모, 언어, 문화에서 오는 혼란 속에 자신을 '투명한 존재'처럼 느낍니다.

2. 전개

호랑이와의 첫 만남, 할머니의 병, 과거에 숨겨진 이야기들을 알아갑니다. Lily는 자신이 그 중심에 서 있다는 것을 깨닫고 책임감을 느낍니다.

3. 위기

호랑이와의 거래는 Lily에게 선택을 강요합니다. 숨을 것인가, 아니면 자신과 가족을 위한 진실에 다가설 것인가?

4. 절정

Lily는 자신만의 목소리를 내기 시작합니다, 숨겨진 이야기의 조각들을 모아 할머니의 삶을 이해하려 노력합니다. 그 과정에서 진정한 용기를 실천합니다.

5. 결말

할머니의 죽음 이후, Lily는 슬픔 속에서도 자신의 뿌리를 이해하게 됩니다. 전보다 당당한 정체성으로 나아가게 됩니다.

이 작품은 겉으로 보기에는 전래동화와 판타지 요소를 사용합니다. 하지만 사실은 주인공의 마음과 성장을 섬세하게 그려낸 이야기입니다. Lily는 처음에는 다른 사람의 이야기를 전해주는 사람이었지만, 점점 자신의 이야기를 직접 만드는 사람으로 변합니다. 할머니의 과거, 한국 문화, 그리고 가족이 겪은 아픔은 모두 Lily가 자신을 새롭게 찾아가는데 중요한 배경이 됩니다.

생각을 넓히는 독해 포인트

이 책은 단지 전래동화를 소재로 한 판타지 이야기가 아닙니다. Lily의 감정과 정체성의 변화, 이야기라는 매개체를 통해 사고력을 확장할 수 있도록 다음과 같은 질문에 집중하며 읽어보길 권합니다.

1. 두려움은 어떻게 용기로 바뀌는가?

Lily는 처음엔 자신을 '보이지 않는 존재'로 생각합니다. 하지만 호랑이와 마주하며 점차 스스로를 드러내야 할 필요성과 가치를 깨닫습니다. 이 과정은 '용기'란 두려움 느끼지 않는 것이 아니라 두려워도 움직이는 것임을 보여줍니다.

2. 이야기는 왜 중요한가?

이야기 속 호랑이는 그냥 전설 속 동물이 아닙니다. Halmoni가 가진 상처, 이민자의 역사, 그리고 한국인의 정체성을 담은 특별한 상징입니다. 이 호랑이는 정체성, 기억, 감정을 이어주는 끈과 같습니다. 그래서 Lily가 호랑이를 되찾으려 하는 여정은 결국 자신을 되찾고 마음을 치유하는 과정이기도 합니다.

3. 정체성은 어떻게 만들어지는가?

Lily는 한국계 미국인입니다. 두 문화 사이에서 자신을 어디에 두어야 할지 혼란을 겪습니다. 하지만 이야기와 가족의 역사, 사랑을 통해 자신이 누구인지 스스로 정의하게 됩니다.

고난도 독해 질문

1. 호랑이는 진짜일까요, 아니면 Lily의 상상일까요? 이 존재가 이야기 전체에서 상징하는 바는 무엇인가요?
2. Lily가 호랑이의 거래를 받아들인다는 것은 어떤 내면적 변화를 뜻하나요?
3. 할머니가 '이야기'를 숨기고자 했던 이유는 무엇일까요? 그 숨김과 Lily의 '말하기'는 어떤 대비를 이루나요?
4. Lily는 왜 처음에 자신을 투명하게 만들고 싶어 했을까요? 그녀가 다시 자신을 드러내게 된 계기는 무엇인가요?
5. 이 작품은 '용기'를 어떻게 정의하나요? 그리고 그 용기가 Lily에게 어떤 방식으로 작동하나요?

활동 아이디어

1. 시각적 플롯 다이어그램 그리기

이야기의 5단계 구조(Exposition → Climax → Resolution)를 Lily의 감정 변화와 함께 정리합니다. 각 장면에 등장하는 상징(호랑이, 이야기, 별,

병 등)을 연결해봅니다.

2. 내 삶의 '거래' 쓰기
Lily가 했던 용기의 거래처럼, 자신의 삶에서 한 가지 중요한 결정을 했던 순간을 떠올립니다. 그때의 감정과 선택 이유를 짧은 이야기로 써봅니다.

3. 문화적 상징 찾기 활동
호랑이, 별, 전통 이야기 등 작품에 등장하는 한국 전통 요소를 찾아봅니다.

『When You Trap a Tiger』는 두려움을 직면하고, 숨겨진 이야기를 되찾기 위한 여정을 통해 진정한 용기와 정체성을 발견해 나가는 이야기입니다. Lily는 더 이상 누군가의 딸이나 조용한 아이가 아닙니다. 자기만의 이야기를 만들고 그것을 세상에 들려줄 수 있는 사람이 됩니다.

Reading the Story Inside Out

1. Finding Courage

A. At first, Lily wants to be invisible. Write two sentences describing what she is thinking and feeling at the beginning.

____

____

B. Later, Lily finds her voice. What changes her?

____

____

C. Think of a time you were scared but still did the right thing. What helped you be brave?

____

____

2. Symbols and Secrets

A. The tiger means many things in the story. Write two words that describe what the tiger represents.

1. ____________________________   2. ____________________________

B. Halmoni says that "stealing stories" has consequences. What do you think she means?

____

____

C. In the story, stars and sky appear again and again. What do they represent to Lily?

____

____

3. Identity and Family

A. Lily is part Korean. How does this affect how she sees herself?

____

____

B. Halmoni hides her past at first. Why? And how does Lily help change that?

____

____

C. Do you have a family story or tradition that makes you feel special
or connected? Write about it.

4. A Story that Heals

A. Lily makes a deal with the tiger. What does that moment teach us
about grief and healing?

B. Complete the sentence:

"Stories are powerful because they ______________________________
____."

3.

시간의 실마리를 따라가며 생각하는 힘

『When You Reach Me』

"처음엔 아무 의미 없어 보였던 일이, 나중에 가서 퍼즐처럼 딱 맞아떨어진 적 있어? 그때서야 '아, 그래서 그랬구나.' 하고 모든 게 한꺼번에 이해된 순간 말이야."

『When You Reach Me』는 바로 그런 순간을 경험하게 해 주는 책입니다. 처음에는 그저 평범한 소녀 Miranda가 겪는 일상과 친구들과의 갈등처럼 보입니다. 하지만 이야기가 전개될수록 작은 단서들이 하나씩 모습을 드러냅니다. 그 단서들은 마침내 시간과 정체성에 얽힌 놀라운 비밀을 밝혀냅니다.

줄거리 요약

이 이야기의 주인공은 뉴욕 퀸즈에 사는 12살 소녀 Miranda입니다. 어느 날, 그녀는 "너를 살릴 거야."라는 이상한 쪽지를 받습니다. 처음에는 장난이라고 생각했지만, 쪽지에는 점점 미래에 일어날 일을 정확하게 예측하는 내용이 적혀 있었습니다.

그 무렵, 주변에서 이상한 사건들이 이어집니다. 정체를 알 수 없는 노숙자, 갑작스러운 사고, 예상 못한 일들이 하나씩 일어나는 것입니다. Miranda는 이 모든 일이 서로 연결되어 있다는 것을 깨닫습니다. 그리고 쪽지를 보낸 사람이 바로 '시간을 여행한 미래의 자신'임을 알게 됩니다.

이 경험을 통해 Miranda는 시간이 단순히 앞으로만 흐르는 것이 아니라, 과거와 미래가 서로 이어져 있다는 사실을 배웁니다. 그리고 한 사람의 선택이 미래의 자신에게 큰 영향을 줄 수 있다는 것을 깨닫고, 책임과 용기의 의미를 마음 깊이 이해하게 됩니다.

감정 및 이야기 구조 분석

『When You Reach Me』는 감정의 진폭과 복선의 설계가 절묘하게 맞물린 구조를 지닙니다.

1. 도입(불안)

쪽지를 받은 미란다는 혼란에 빠지고, 무언가 평범하지 않은 일이 시작되었음을 느낍니다.

2. 전개(혼란과 단서 수집)

친구와의 갈등, 가족 문제, 탐정 소설 속 힌트 등 다양한 사건이 겹쳐집니다. Miranda는 실마리를 따라갑니다.

3. 위기(불확실과 의심)

누구를 믿어야 할지 모르는 상황에서, Miranda는 자신이 잘못 보고 있는 것은 아닌지 불안해합니다.

4. 절정(이해와 깨달음)

사건의 모든 퍼즐이 맞춰지고, 시간 여행의 진실이 드러납니다. Miranda는 스스로의 선택과 미래의 책임을 자각합니다.

5. 결말(성장과 선택)

Miranda는 다시는 시간 여행을 하지 않기로 결심합니다. 조용히 그 의미를 마음에 새기며 한층 더 성장하게 됩니다.

생각을 넓히는 독해 포인트

1. 복선 추적하기

이야기 전반에 반복적으로 등장하는 쪽지, 주사위, 탐정 소설, 우정의 균열 같은 요소들이 나중에 어떻게 연결되는지를 추적해보세요. 결말에서 드러나는 단서들이 어떻게 의미를 가지는지를 이해하는 것이 중요합니다.

2. 시간의 순환 구조 이해하기

이 작품은 과거와 현재가 선형으로 흐르지 않습니다. '자신이 자신에게 쪽지를 보낸다.'라는 설정은 시간의 순환성과 존재의 반복성을 말합니다. 시간이라는 개념이 어떻게 감정과 주제를 구성하는지 생각해보세요.

3. 행동과 책임의 주제 분석

'미래의 나'가 '과거의 나'를 구한다는 이 이야기 구조는, 결국 스스로가 자신의 삶에 책임을 진다는 메시지로 이어집니다. 자신이 선택한 말과 행동이 결국 자신을 형성한다는 주제를 중심으로 토론해보세요.

고난도 독해 질문

1. Miranda가 처음 받은 쪽지("너를 살릴 거야.")는 어떤 사건을 예고하며, 그 진짜 의미는 무엇이었을까요?
2. 이야기 속 반복되는 물건들(쪽지, 주사위, 탐정 소설)은 이야기 전개에서 어떤 복선으로 작용하며, 결말과 어떻게 연결되나요?
3. '자신이 자신을 구원하는' 시간 순환 구조는 어떤 상징적 의미를 가지며,

독자에게 어떤 메시지를 전달하나요?

4. Katie와의 관계에서 미란다는 무엇을 배우게 되나요?

5. 이 작품은 '시간'을 어떻게 표현하며, 우리에게 어떤 질문을 던지나요?

활동 아이디어

1. 복선 카드 맞추기

이야기 속 주요 복선(쪽지, 주사위, 인물의 말 등)을 카드로 만들어 섞어 놓고, 친구들과 함께 그것이 어떤 사건과 연결되는지를 맞춰보는 활동입니다. 복선이 어떻게 이야기를 끌어가는지 시각적으로 체험할 수 있습니다.

2. 시간여행 편지 쓰기

'Miranda'처럼 직접 쪽지를 쓴다면, 어떤 말로 시작할까요? 과거의 자신에게 쓸 쪽지를 상상해 보고, 그 편지에 담긴 감정과 의미를 함께 이야기 나누어보세요.

3. 구조 다이어그램 그리기

이 활동은 이야기 속 시간이 어떻게 흐르는지를 그림으로 표현하는 것입니다. 시간이 시작에서 끝으로 곧게 흐르는 것이 아니라, 원처럼 반복되고 이어진다는 점을 나타냅니다. 또한 각 사건과 함께 인물들의 감정이 어떻게 변했는지도 함께 표시합니다.

『When You Reach Me』는 한 소녀의 성장 이야기이자, 시간, 책임, 용기의 의미를 담은 작품입니다. 작은 행동 하나가 미래를 바꿀 수 있고 '나' 자신이 스스로를 구할 수 있는 힘을 가지고 있다는 메시지를 전합니다.

Reading the Story Inside Out

1. Time and Choices

A. What was the first clue Miranda received? How did it make her feel and why?

____

____

B. If you received a note like that, what would you do?

____

____

C. The story uses time in a special way. Draw a timeline showing what happened-in real time and time-travel time.(Write real-time events on the top and time-travel events on the bottom.)

2. Finding the Hidden Clues

A. Match the object with what it represents in the story.

a. the laughing man   •   • A way into the apartment

b. the bread bag   •   • A clue that the person knows the future

c. the key   •   • A way to save someone's life

d. the $20 bill   •   • A surprising identity across time

B. Choose one object from above and write: Why was this object so important?

____

____

C. Have you ever missed a small clue in real life that later turned out to be important? What happened?

____

____

3. Cause, Effect, and Time Loops

A. The story shows how small actions change the future. Give one example.

____

____

B. Why is it powerful that Miranda writes a letter to someone who already saved her?

____

____

C. If you could go back in time and change one thing in your life, what would it be? Why?

____

____

4. Friends, Distance, and Understanding

A. Why did Sal pull away from Miranda, and how did she react?

____

____

B. How did Miranda's idea of friendship change throughout the story?

____

____

C. Imagine you're Miranda. What would you write in a final note to Sal?

____

____

4.

반짝이는 일상에서 진짜 의미를 발견해요

『Kira-Kira』

"누군가의 따뜻한 말 한마디가 오랫동안 힘이 되어준 적 있어?"

『Kira-Kira』는 바로 그런 기억과 감정을 조용히 간직한 이야기입니다.
1950년대 미국 남부, 일본계 이민자 가족의 삶을 배경으로 한 이 작품에서,
주인공 Katie는 언니 Lynn과 함께 웃고, 배우며 성장해 나갑니다. 하지
만 시간이 지나면서 Lynn의 병, 가족의 가난, 그리고 주변에 스며든 차별은
Katie의 일상에 서서히 어두운 그림자를 드리웁니다.
그럼에도 불구하고, Katie는 언니가 남긴 '반짝이는(kira-kira)' 기억과 말
들을 마음속에 품으며 삶을 견뎌 나가게 됩니다.

줄거리 요약

Katie의 어린 시절은 언니 Lynn과 행복했습니다. Lynn은 반짝이는
'Kira-Kira'를 발견하는 등 예리하고 지혜로운 존재였습니다. 그러나 가족
이 Iowa에서 Georgia로 이사하면서 모든 것이 변합니다. Georgia는 일
본계 단 한 가구뿐인 낯선 남부 주였고, 가족은 생활비를 마련하기 위해 힘든
노동에 시달립니다. Katie는 학교에서 차별을 느끼지만 Lynn은 미소로 그
녀를 지켜주고 격려합니다.
그러던 중 Lynn이 병에 걸리고, 점점 기운을 잃어갑니다. Lynn은 Katie에

게 'Kira-Kira'를 가르쳐 주며, 세상의 아름다움을 기억하라고 당부합니다. Lynn은 세상을 떠나고 가족은 깊은 슬픔에 빠집니다. 그 후 Katie는 사람을 용서하는 마음을 배우고, 부당한 노동에 대한 분노와 정의의 소중함도 깨닫게 됩니다.

마지막에는 가족이 Lynn이 늘 꿈꾸던 태평양 여행을 떠나고, Katie는 바닷속 파도 소리에서 언니의 목소리를 듣는 듯한 경험을 하며 'Kira-Kira'라는 말을 마음 깊이 간직합니다.

감정 및 이야기 구조 분석

이야기는 Katie의 내면이 시간의 흐름 속에서 어떻게 흔들리고 단단해지는지 보여줍니다.

1. 도입(빛과 꿈의 순간)

Lynn과의 소박한 일상 속에서 Katie는 세상의 반짝임을 발견합니다. 이 부분이 'Kira-Kira'의 시작점입니다.

2. 전개(변화와 갈등의 시작)

새로운 환경, 인종차별, 노동 착취 등을 겪으며 Katie의 세상은 흔들립니다. 언니의 병은 단순한 사건이 아니라 그녀의 삶 전체를 바꾸는 전환점이 됩니다.

3. 위기(상실과 분노)

Lynn의 죽음 이후 Katie와 가족은 깊은 슬픔에 빠집니다. 특히 Katie는 죄책감과 분노, 상실 속에서 방황합니다.

4. 절정(변화와 책임)

아버지는 부당한 대우에 맞서 파업에 나서고, 어머니는 처음으로 투표를 합니다. 가족 모두가 '정의'와 '사랑'을 위해 행동한 순간입니다. Katie 역시 마음을 다잡고, 언니 Lynn과의 약속을 지키기로 결심합니다.

5. 결말(회복과 단단한 빛)

바다 앞에 선 Katie는 Lynn의 목소리를 듣습니다. 'Kira-Kira'는 더 이상 단어가 아니라 삶을 향한 선언이 됩니다. Katie는 과거를 기억하면서도 미래를 향해 나아갈 준비를 합니다.

생각을 넓히는 독해 포인트

1. 'Kira-Kira'의 의미

단순한 '빛나다'라는 뜻이 아니라, 힘든 순간에도 세상 속 작은 빛과 희망을 발견하고 지키려는 태도를 상징합니다.

2. Lynn의 죽음이 Katie에게 준 변화

언니의 죽음은 단순한 슬픔을 넘어, Katie가 책임감과 용기를 배우는 전환점이 됩니다. 죽음 전과 후의 Katie 모습을 비교해 봅니다.

3. 이민자 가족의 현실

Georgia에서 겪는 노동 착취, 인종차별, 사회적 고립 등을 통해 당시 일본계 이민자들의 어려움을 보여줍니다.

4. 정의를 위한 작은 행동의 힘

아버지의 파업, 어머니의 첫 투표, Katie의 결심처럼, 작더라도 행동하는 용기가 어떤 변화를 만드는지 생각해 봅니다.

5. 빛을 발견하는 사람

"빛은 항상 존재하지만, 그것을 발견하는 사람에게 반짝인다"라는 말처럼,
Katie는 어떻게 그 빛을 놓치지 않았는지 자신의 시선에서 설명해 봅니다.

고난도 독해 질문

1. 왜 단순히 '빛나다'는 단어가 Katie의 삶에 그렇게 큰 의미를 가질까요?
2. Lynn의 죽음 이후 가족의 태도 변화에는 어떤 의미가 있을까요?
3. Katie는 어떻게 'Kira-Kira'를 지킬 수 있었을까요?
4. 이민자로서 겪는 경험이 주인공의 성장에 어떤 영향을 주었을까요?
5. "빛은 항상 존재하지만, 그것을 발견하는 사람에게 반짝인다." 이 문장을
   Katie의 시선으로 설명해보세요.

활동 아이디어

1. 나의 'Kira-Kira' 일기쓰기

일상에서 만난 작은 '빛'을 하루 한 줄씩 기록해 보기. 어떤 순간이 반짝였는
지, 왜 그랬는지 적어봅니다.

2. 감정 플롯 그리기

도입부터 결말까지 Katie의 감정 흐름을 타임라인에 그려보며, 슬픔과 회복
의 단계를 시각화 해보기

『Kira-Kira』는 언니 린이 가르쳐 준 것은 단순한 단어가 아닌, 삶을 견디는
힘임을 보여줍니다. "Kira-Kira, 사랑했던 기억은 사라지지 않는다"는 메시
지는 상처를 딛고 살아가는 모든 이에게 빛이 됩니다.
"진짜 빛은, 잃어도 있다는 것을 기억하는 순간에 찾아온다."

Reading the Story Inside Out

1. Kira-Kira Moments

A. What does "Kira-Kira" mean, and when does Katie feel something is Kira-Kira in the story?

____

____

B. Think about your own life. Describe a "Kira-Kira moment" that felt special or beautiful to you.

____

____

C. Katie's feelings change a lot throughout the story. Use 3 feeling words to show her journey from beginning to end.

Feeling 1: ___________   Feeling 2: ___________   Feeling 3: ___________

2. Symbols and Memory

A. Lynn tells Katie to always remember "Kira-Kira" Why do you think that is important?

____

____

B. Choose one object from the story-like the ocean, the diary, or the stars. What do you think it symbolizes for Katie?

____

____

C. Imagine you could give someone a "Kira-Kira" gift. What would it be, and why?

____

____

3. Love, Loss, and Courage

A. After Lynn's illness and death, how does Katie change the way she sees the world?

____

____

B. Draw two faces: one showing Katie at the beginning of the story, and one at the end. Add a word or phrase under each face.

Beginning: ____

End: ____

C. When families face hard times, how can they stay strong together? Give one idea or example.

____

____

4. Remembering and Moving Forward

A. Each family member keeps Lynn's memory in a different way. How do you think Katie keeps her alive in her heart?

____

____

B. Think about someone or something you lost or said goodbye to. How did you remember them and start to feel okay again?

____

____

C. Complete the sentence:

"Even in hard times, I can still find light when I _______________

____

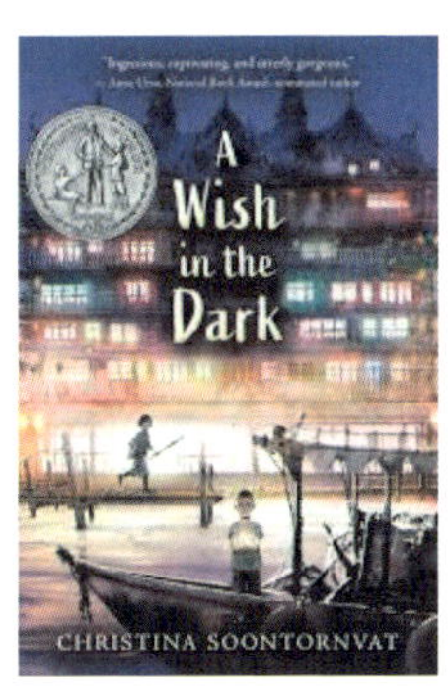

5.

작지만 단단한 마음이 어둠을 이겨내요

『A Wish in the Dark』

"어둠 속에 태어난 사람도 빛을 가질 수 있을까?"

이 책은 그 질문에서 시작됩니다.

태국의 도시 Chiang Mai를 연상시키는 가상의 세계 'Chattana'에서, 빛은 단지 밝음을 넘어 권력과 통제의 상징입니다. 이 세계에서 '어둠'은 죄와 가난, 무력함을 뜻하고, '빛'은 정의와 기회, 안정의 이름으로 포장되어 있습니다. 하지만 과연 그럴까요?

줄거리 요약

Pong은 어머니가 죄수였기 때문에 태어나자마자 감옥에서 살게 됩니다. 어느 날 그는 몰래 탈출해 강을 따라 작은 사원에 숨습니다. 그곳에서 만난 수도승은 Pong에게 새로운 세상을 보게 해줍니다. 하지만 과거는 그를 놓아주지 않습니다. 감옥장의 딸 Nok가 뒤쫓아 오고, Pong은 다시 도망쳐야 합니다. 그러나 그는 도망 대신 맞서 싸우기로 결심합니다. Pong은 힘없고 어려운 처지에 있는 사람들을 위해, 총독이 숨기고 있는 나쁜 행동과 거짓말을 밝히며 맞섭니다. 그 과정에서 그는 빛은 태어날 때가 아니라, 스스로의 '선택'으로 만들어진다는 것을 깨닫습니다.

감정 및 이야기 구조 분석

이 이야기는 보통의 영웅 이야기 흐름을 따라가지만, 주인공의 감정 변화와 '무엇이 옳은가'에 대한 고민이 더해져 더 깊이 있게 전개됩니다.

1. 도입(억압과 도피)

감옥에서 태어난 Pong은 처음부터 '죄인'으로 여겨집니다. 그는 자유를 갈망하며 탈출하지만, 세상은 그에게도 등을 돌립니다.

2. 전개(도망과 발견)

사원에서 잠시 평화를 느끼던 Pong은 Nok의 추적과 도시에서 마주한 현실을 통해 세상이 불공평하다는 것을 깨닫습니다. 그러면서 그는 '정의란 무엇일까?'라는 질문을 마음에 품게 됩니다.

3. 절정(선택과 대면)

Pong은 더 이상 도망치지 않기로 합니다. 자신이 받은 부당함을 세상에 드러내고, 불의에 저항합니다. 총독과 맞서는 순간, 그는 비로소 '자신의 빛'을 만들어냅니다.

4. 결말(자유와 희망)

Pong의 용기는 주변 사람들을 변화시키고, 빛이란 누구나 가질 수 있는 것이라는 진리를 세상에 전합니다. 그는 더 이상 죄인이 아니라, 세상의 어둠을 비춘 희망의 불빛이 됩니다.

생각을 넓히는 독해 포인트

1. 빛은 누구의 것인가?

Chattana 시에서는 '빛'이 정부에 의해 배급됩니다. 이는 에너지의 문제가 아니라, 권력의 통제를 의미합니다. Pong이 "나는 빛을 가질 자격이 없다."
라는 생각을 바꿔나가는 과정은, 권리와 자유의 본질에 대한 중요한 메시지
를 담고 있습니다.

2. 출생이 죄가 될 수 있을까?

Pong은 감옥에서 태어났다는 이유만으로 낙인찍히고 차별받습니다. 이 설
정은 우리 사회에서도 빈번히 일어나는 '출신에 따른 차별'과 연결됩니다. 아
이들과 이 문제를 연결시켜 토론해볼 수 있습니다.

고난도 독해 질문

1. Pong은 왜 자신을 감추는 대신, 총독에게 맞서기로 결심했을까요?
2. Nok는 처음에는 왜 폰을 적으로 여겼으며, 그녀의 생각은 어떻게 변화했
   나요?
3. 사원의 삶과 도시의 삶을 비교해보면 어떤 차이가 있나요?
4. '빛'은 책에서 상징적으로 어떤 의미를 가지고 있나요?
5. 총독의 지배 방식은 현실 세계의 어떤 문제와 닮아 있나요?

활동 아이디어

1. 빛의 정의 쓰기

이 책에서 '빛'은 단순한 물리적 에너지가 아니라 상징적인 의미를 지닙니다.
"빛이란 무엇인가?"를 주제로 짧은 글을 써보게 해보세요. 학생들이 자신만
의 '빛'의 의미를 탐구하고 진정한 자기만의 빛을 발견하는 데 도움이 됩니다.

2. 정의의 지도 그리기

작품 속 Chattana 도시를 상상해서 그려보고, 어디에서 불평등이 발생하는
지 시각적으로 표현합니다. 정의가 서려면 어떤 변화가 필요한지도 함께 토

론합니다.

3. 나만의 용기 선언문 만들기

작은 잘못이나 부당한 일을 보고 직접 나서서 말해본 경험이 있다면 그때의 이야기를 써봅니다. 만약 그런 경험이 없다면, '앞으로 내가 용기를 낼 수 있는 상황'을 상상해 보고, 그때 어떻게 행동할지 선언문처럼 써봅니다.

『A Wish in the Dark』은 어둠 속에서 태어난 한 소년이, 세상에 자기만의 빛을 만들어 가는 이야기입니다. 누구나 사랑과 용기로 스스로를 다시 정의할 수 있다는 것을 Pong은 증명했습니다.

Reading the Story Inside Out

1. Who Deserves the Light?

A. In the city of Chattana, only powerful people get light. Why is this unfair?

____

____

B. Pong says, "Light shines on everyone." What does he mean by this?

____

____

C. Do you think light-like safety, hope, or opportunity-should be shared equally? Why?

____

____

2. From Prison to Purpose

A. Pong was born in prison. What does this say about how society treats some people from the beginning?

____

____

B. What makes Pong different from others who were born in the same place?

____

____

C. Have you ever seen someone rise above what others expected of them? Write about it.

____

____

3. Stories, Symbols, and Change

A. Light is not just electricity in this story. What else does it symbolize?

____

____

B. What does "darkness" represent in this story-besides the lack of light?

____

____

C. Why is it powerful that Pong speaks in front of the people at the end?

____

____

4. Being Brave When It's Hard

A. Pong takes many risks to do what's right. What does this show
   about his character?

____

____

B. Nok starts as someone who believes in rules. What makes her begin
   to change?

____

____

C. When is a time you showed courage, even in a small way? Or when
   do you hope to be brave in the future?

____

____

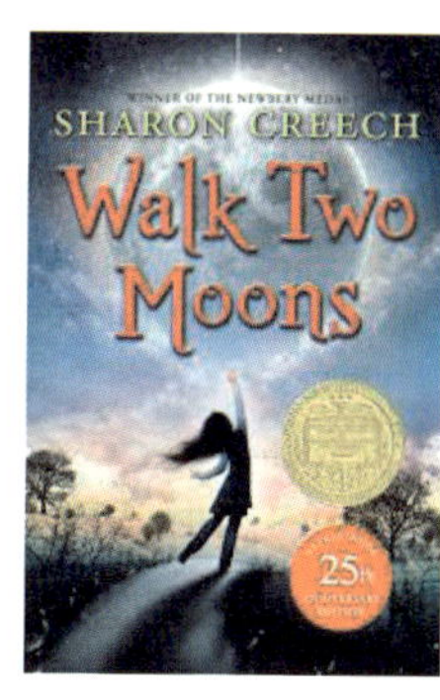

6.

엄마의 흔적을 따라가는 성장 이야기

『Walk Two Moons』

"누군가를 이해하려면, 그 사람의 신발을 신고 두 달쯤 걸어봐야 해."

Sal은 엄마가 떠난 이후, 조부모와 함께 여행을 떠납니다. 자신이 감당하지 못했던 감정들과 하나씩 마주하게 됩니다. 이 여행은 단순한 물리적 여정이 아니라, 상실과 오해, 그리고 이해에 이르는 감정의 여정입니다. 그리고 그 속에서 Sal은 '누군가의 삶을 진짜로 이해하려면, 그 사람의 신발을 신고 걸어봐야 한다.'라는 말의 의미를 점점 깨달아 갑니다.

줄거리 요약

Sal은 엄마를 잃은 뒤, 조부모와 함께 엄마가 갔던 길을 따라 여행을 합니다. 여행 중에 Phoebe의 엄마가 사라지는 사건이 일어납니다. 이를 계기로 Sal은 자신의 과거를 떠올리게 됩니다. 엄마를 이해하고 용서하는 마음에 조금씩 가까워지면서, Sal은 자신이 누구인지, 무엇을 놓아야 하고 무엇을 지켜야 하는지를 알게 됩니다.

감정 및 이야기 구조 분석

1. 도입(상실과 출발)

엄마가 떠난 이후의 공허함을 안고, Sal은 조부모와의 여행을 시작합니다.

겉으로는 명랑하고 강한 척하지만, 내면에는 말하지 못한 감정이 쌓여 있습니다.

2. 전개(이야기 속 이야기)

여행 중 Sal은 Phoebe의 이야기를 하면서, 자신의 감정을 조금씩 드러냅니다. Phoebe의 이야기와 Sal이 가진 상처가 점점 겹쳐지기 시작합니다.

3. 절정(진실과 마주하기)

여행의 끝자락, Sal은 마침내 엄마의 진짜 흔적과 마주하게 됩니다. 그 순간, 그동안 회피하던 감정과 진실을 받아들이는 변화가 일어납니다.

4. 결말(이해와 용서)

Sal은 엄마를 완전히 알 수는 없지만, 엄마를 받아들이고 기억하는 법을 배웁니다. 여행은 끝났지만, Sal의 마음속 여정은 계속됩니다.

생각을 넓히는 독해 포인트

1. 이야기 속 이야기의 의미는 무엇일까?

Sal은 자신의 아픈 마음을 Phoebe의 이야기에 빗대어 표현합니다. 이것은 감정을 피하는 방법이 될 수도 있지만, 동시에 돌려서 하는 솔직한 고백이기도 합니다.

2. '걷는다'는 행위는 어떤 상징일까?

『Walk Two Moons』는 단순한 여행 이야기가 아닙니다. 다른 사람의 삶을 상상하고 이해하려는 여정을 뜻합니다. Sal이 다른 사람의 입장에서 생각해 보는 순간들은, 다른 사람을 이해하는 마음을 키워 줍니다.

3. 공백과 침묵은 감정을 어떻게 드러내는가?

Sal은 감정을 말로 표현하지 않고, 행동이나 상황을 통해 보여줍니다. 이런 침묵과 여백이 오히려 그녀의 마음을 더 깊이 느끼게 합니다.

고난도 독해 질문

1. Sal은 왜 Phoebe라는 인물의 이야기를 빌려 자신의 이야기를 전달했을까?
2. '걷는다'는 말은 심리적으로 어떤 변화와 연결되어 있을까요?
3. Sal이 말하지 않은 공백 속에는 어떤 감정이 숨어 있을까요?
4. Phoebe는 왜 엄마를 오해했고, 그 오해는 어떻게 풀렸을까요?
5. 이 이야기가 Sal의 시선으로만 진행됐다면, 어떤 감정이나 생각을 느낄 기회가 없어졌을까요?

활동 아이디어

1. 시점 바꾸기 활동

Phoebe 혹은 Sal의 엄마 입장에서 같은 사건을 짧게 다시 써봅니다. 다른 관점이 감정에 어떤 영향을 주는지 체험합니다.

2. '입장 바꾸기' 에세이 쓰기

"나는 누구의 자리에서, 며칠쯤 걸어보았는가?"라는 질문으로 개인적인 경험을 연결해 글을 씁니다.

3. '공백' 독서법

Sal이 직접 말하지 않은 장면이나 감정을 찾아, 왜 말하지 않았는지 추측해 보세요. 그 침묵이 독자에게 어떤 감정을 남겼는지 분석해 봅니다.

『Walk Two Moons』는 단지 '엄마를 찾아가는 이야기'가 아닙니다.
이 책은 누군가의 감정을 제대로 이해하기 위해선 그 사람의 삶을 따라 걸어
보는 용기가 필요하다는 것을 보여줍니다.

Reading the Story Inside Out

1. Telling Phoebe's Story

A. Why do you think Sal talks about Phoebe's story instead of her own?

____

____

B. How can telling another person's story help you share your own feelings?

____

____

C. Have you ever told a story, sang a song, or showed a picture to tell how you feel? What was it?

____

____

2. The Meaning of "Walk Two Moons"

A. What does "walking in someone else's shoes" mean in this book?

____

____

B. Tell one time when Sal tried to see things the way another person sees them.

____

____

C. Have you ever tried to understand someone by thinking about their life? What happened?

____

____

3. Silence and Not Speaking

A. Sal sometimes stays quiet instead of saying how she feels. Why do you think she does this?

____

____

B. How can being quiet sometimes make feelings even stronger?

____

____

C. Write about a time you didn't tell your feelings right away. Why did you wait?
Loss, Understanding, and Forgiving

____

____

4. Understanding and Forgiving

A. How does the trip help Sal understand her mother better?

____

____

B. How does Sal learn to forgive during the trip?

____

____

C. Write about a time when understanding someone's reasons helped you forgive them.

____

____

5. A Trip That Changes You – Writing Task

Choose one and write a paragraph(5-6 sentences).

Write about how Sal is different at the end of the story compared to the beginning. What important lessons does she learn on the trip? How might these lessons help her later?

____

____

____

____

____

____

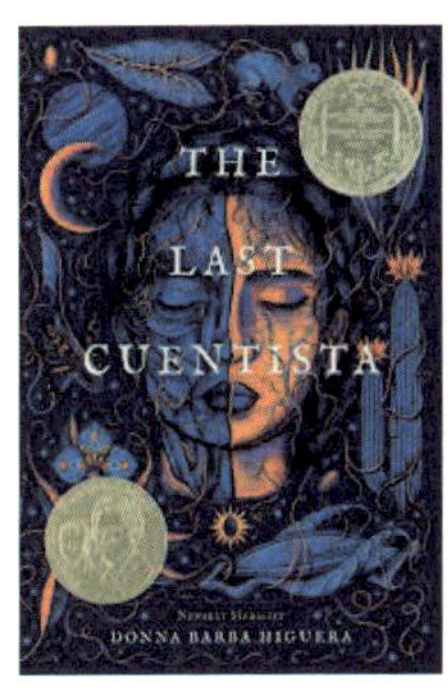

7.

기억을 지켜내는 마지막 이야기꾼

『The Last Cuentista』

선생님: "이번에 『The Last Cuentista』 읽어보니까 어땠어?"

시　준: "처음엔 그냥 우주에서 벌어지는 SF 이야기인 줄 알았는데요. 그런데 읽다 보니까 기억과 이야기의 힘에 대한 내용이더라고요."

선생님: "그렇지. 지구가 멸망한 뒤, 다른 사람들의 기억은 모두 지워졌지만 Petra만 지구의 기억을 간직하고 있었잖아."

시　준: "네, 모두가 같은 생각만 하고 예전의 기억을 다 잊었다는 게 무서웠어요. 그런데 Petra가 끝까지 이야기를 간직하고 있다는 게 정말 인상적이었어요."

선생님: "맞아. 이 책은 우리에게 이런 질문을 던지는 것 같아. '기억이 없는 세상은 정말 평화로울까?', '이야기 하나가 세상을 바꿀 수 있을까?'"

줄거리 요약

2061년, 혜성이 지구에 충돌하면서 지구는 곧 멸망할 위기에 놓입니다. 과학자들은 사람들이 살 수 있는 다른 행성을 찾아 이주 계획을 세웁니다. 선택된 사람들은 우주선에 타고, 먼 여행을 위해 모두 동면에 들어갑니다. Petra와 가족도 그중 하나였지만, Petra는 특별히 자신의 기억을 간직한 채 깨어난 유일한 사람이 됩니다. 그녀는 우주선의 통제 시스템이 위험하다는 것을 느끼고, 몰래 다른 아이들과 만나 옛날 이야기(cuento)를 나눕니다. 이 이야기

는 아이들에게 잃어버린 문화와 정체성을 되살려주고, 조금씩 저항의 마음을
키워 줍니다. 작은 이야기들이 모여 큰 힘이 되자, Petra는 마침내 우주선의
통제에 맞서 싸웁니다. 그리고 새로운 행성 '사간'에 도착하면서, 인류가 다시
시작할 수 있는 길을 열게 됩니다.

이야기 구조 및 감정의 흐름

『The Last Cuentista』는 '기억 → 망각 → 저항 → 회복'이라는 뚜렷한 흐
름을 따라 전개됩니다. 각각의 단계에서 Petra의 감정과 내적 성장이 깊어
집니다. 독자는 이야기의 힘과 인간다움의 본질을 함께 생각하게 됩니다.

1. 기억(사랑과 이야기로 시작된 여정)

이야기 초반, Petra는 과학자인 부모님과 함께 지구를 떠나는 우주 여행을
시작합니다. 그녀는 가족의 사랑과 할머니가 들려준 옛날 이야기를 마음 깊
이 간직하며, 새로운 삶에 대한 설렘과 알 수 없는 미래에 대한 두려움을 동
시에 느낍니다.

2. 망각(통제된 세계에서의 충격)

Petra가 우주선에서 깨어났을 때, 세상은 완전히 달라져 있습니다. 모든 사
람들이 기억을 잃었고, '질서'와 '통제'만이 존재합니다. Petra는 '기억을 잃은
세상'의 공포를 실감하게 됩니다.

3. 저항(이야기의 힘을 깨닫고 행동하다)

Petra는 자신이 마지막으로 옛 기억을 간직한 사람이며, 이야기꾼이라는 사
실을 깨닫습니다.
그녀는 몰래 다른 아이들에게 이야기를 들려주며 점점 억압에 맞서기 시작합
니다. 이 순간부터 Petra는 단순히 살아남은 사람이 아니라, 이야기를 전하

고 지켜내는 사람으로 변해 갑니다. 두렵지만 용기를 내고, 외롭지만 마음속 확신이 점점 커져 가는 시기입니다.

4. 회복(이야기로 세상을 다시 연결하다)

Petra는 옛날 이야기와 과학, 그리고 사람이 어떤 존재인지에 대한 생각을 하나로 이어 줍니다. 그녀는 무너진 사람들 사이에 '이야기'라는 작은 씨앗을 심습니다. 그 이야기가 사람들의 마음을 움직여, 모두가 다시 함께 나아가고 세상은 회복되기 시작합니다.

생각을 넓히는 독해 포인트

1. 기억이란 무엇인가

이 이야기에서 기억은 단순한 정보 저장이 아니라 인간을 인간답게 만드는 본질입니다. 집단은 그것을 지우려 하고, Petra는 지키려 합니다. 기억 없는 삶과 고통이 있어도 기억이 있는 삶 중 어느 쪽이 더 인간다운지 묻습니다.

2. 이야기의 힘

전래동화, 가족 이야기, 개인의 기억이 합쳐져 큰 변화를 만듭니다. Petra는 거대한 무기 대신 이야기를 통해 사람들의 마음을 움직이고 세상을 바꿉니다.

3. 정체성과 문화

Petra는 멕시코계 미국인으로서 자신의 뿌리를 지키려 합니다. 집단은 다양한 문화를 위험하다고 여기지만, 이 이야기는 문화가 사람의 힘이라는 것을 보여줍니다.

4. 청소년의 주체성

세계를 구하는 사람은 과학자나 군인이 아니라 13살 소녀입니다. 이 이야기는 청소년에게 "내 이야기도 세상을 바꿀 수 있다"라는 메시지를 전합니다.

고난도 독해 질문

1. 왜 집단은 기억을 지우는 게 이상적인 질서라고 생각했나요?
2. Petra가 간직한 '이야기'는 어떻게 사람들을 바꾸었나요?
3. 마지막 장면에서 '음악'과 '이야기'가 동시에 울려 퍼지는 장면은 무엇을 상징하나요?
4. 이 소설은 '기억을 가진 인간'과 '기억을 지운 인간'의 차이를 어떻게 보여 주나요?

활동 아이디어

1. 기억 타임라인 만들기

Petra가 기억하고 있는 사건, 인물, 이야기들을 시간 순서대로 정리합니다. 권력자들이 지운 정보와 비교하며 왜 그것들이 중요한지 토의합니다.

2. 나의 Cuento 쓰기

나만의 이야기(Cuento)를 한 편 씁니다. 가족, 기억, 꿈, 문화에 대한 글을 작성합니다. 그것이 자신에게 어떤 의미인지 발표합니다.

"기억과 이야기가 없는 세상은 겉으로는 평화롭지만 마음이 비어 있어요. 힘들어도 기억을 지키는 삶이 더 인간답습니다." Petra의 마지막 말은 사람들에게 다시 살아갈 힘을 주었습니다. 기억을 지키고 이야기를 전하는 것이 바로 인간이 가진 가장 큰 힘입니다.

Reading the Story Inside Out

1. Memory Makes Us Human

A. Petra is the only one who remembers Earth. Why is memory important for her identity?

B. The Collective believes memories cause conflict. Do you agree or disagree? Why?

C. Imagine waking up with no memory. What would you lose?

2. Story as Resistance

A. Petra tells stories to children on the ship. What do the stories give them?

____

____

B. Why would a controlling group want to erase all stories and emotions?

____

____

C. Have you ever read or heard a story that gave you strength or courage? Write about it.

____

____

3. Culture and Identity

A. Petra remembers her grandmother and her *cuentos*. How do they influence who she is?

____

____

B. The Collective tries to make everyone the same. Why is that dangerous?

____

____

C. What parts of your culture or family would you want to protect, even if others forget them?

____

____

4. Being Human in a Controlled World

A. Petra chooses to risk everything instead of becoming like the Collective. Why is that brave?

____

____

B. What does it mean to be human in this story-what makes Petra truly human?

____

____

C. Do you think stories can save the future? Why or why not?

____

____

8.
작고 불완전한 마음이
우주의 어둠을 이길 때

『A Wrinkle in Time』

주인공 Meg Murry는 학교에서 잘 적응하지 못합니다. 집에서는 실종된 아버지를 그리워하며 방황하는 소녀입니다. 하지만 그녀는 우주의 어둠 속에서 누구도 대신할 수 없는 역할을 하게 됩니다. 이 작품은 단순한 SF 판타지가 아닙니다. 연약하고 흔들리는 아이들이 어떻게 진짜 용기를 가질 수 있는지를 보여주는 감정의 성장 기록입니다.

줄거리 요약

Meg는 똑똑하지만 친구들과 잘 어울리지 못하는 소녀입니다. 폭풍이 치던 밤, Meg와 남동생 Charles는 집 근처로 찾아온 수상한 느낌의 Mrs. Whatsit를 만나게 됩니다. 며칠 뒤에는 친구 Calvin과 함께 또 다른 인물인 Mrs. Who와 Mrs. Which도 만나게 됩니다.

세 신비한 인물은 Meg의 아버지가 멀리 있다는 사실을 알려줍니다. 함께 그를 찾기 위해 Tesseract(테서렉트)라는 특별한 방법으로 시간과 공간을 넘어 여행을 시작합니다. 여러 별을 거쳐 노착한 행성 Camazotz는 모두가 똑같이 행동하는 무서운 곳입니다. IT라는 존재가 지배하고 있습니다. 결국 Charles도 IT의 지배에 사로잡힙니다. Meg는 혼자 Camazotz로 돌아가 사랑의 힘으로 IT에 맞서 싸우고, 동생과 아버지를 구합니다.

감정 및 이야기 구조 분석

이 작품은 판타지 모험처럼 진행되지만, 이야기의 중심에는 주인공의 감정과 정체성이 자라는 모습이 있습니다.

1. 도입(혼란과 외로움)

Meg는 학교에서도, 집에서도 소외감을 느끼는 아이입니다. 자신이 어딘가 부족하다고 생각하며 불안해하죠.

2. 전개(모험과 깨달음)

Meg는 Mrs. Whatsit, Mrs. Who, Mrs. Which와 함께 우주를 여행합니다. 여러 세계를 넘나드는 모험을 하며 그 과정에서 자신의 내면에서 용기를 발견합니다.

3. 절정(선택과 사랑)

Meg는 오직 자신만이 Charles를 구할 수 있다는 걸 깨닫고 다시 Camazotz로 향합니다. 그리고 '사랑해.'라는 한마디로 IT의 지배에서 그를 구합니다.

4. 결말(귀환과 성장)

Meg는 여전히 평범한 소녀이지만, 이제는 자신을 믿는 힘을 얻은 진짜 어른으로 돌아옵니다.

생각을 넓히는 독해 포인트

1. 왜 사랑은 논리보다 강할까?

Meg는 동생을 구하기 위해 어떤 설명이나 명령도 아닌 "I love you."라는 단 한마디를 사용합니다. 이 장면은 인간만이 가진 감정, 그중에서도 사랑이야말로 진정한 구원의 힘이 될 수 있음을 상징합니다.

2. 왜 모두가 똑같이 사는 세상은 무서울까?

Camazotz는 모든 사람이 같은 시간에 밥을 먹고, 같은 방식으로 행동하는 '완벽한 질서'의 세계입니다. 그 속엔 자유, 다름, 그리고 인간성이 사라져 있습니다. 겉으로는 평화롭지만, 진짜로는 무서운 세상이지요.

3. Tesseract는 단순한 과학일까, 아니면 그 이상일까?

Tesseract는 시간과 공간을 넘는 과학 개념입니다. 하지만 이 이야기에서 그것은 믿음과 희망, 그리고 용기를 나타내는 상징이기도 합니다. Meg는 이 힘을 통해 불가능해 보이는 어둠을 이겨냅니다.

고난도 질문 예시

1. 왜 Meg가 Charles를 구해야만 했을까요? 왜 Calvin이나 아버지가 대신할 수 없었을까요?
2. Camazotz의 모습은 우리 사회의 어떤 문제와 닮아 있을까요?
3. IT는 왜 감정과 개성을 없애려 했을까요?
4. '시간의 주름(Wrinkle in Time)'이라는 개념은 과학 외에 어떤 상징적인 의미를 가질까요?
5. Meg는 두려움도 느끼고 용기도 냅니다. 이 두 감정은 어떻게 함께 Meg에게 영향을 주고 있을까요?

활동 아이디어

1. 감정 인터뷰 쓰기

Meg가 된 것처럼 생각하고, 우주 여행 후 기자와 인터뷰한다고 상상해 보세요. "가장 무서웠던 순간은 언제였나요?" 같은 질문에 답해 보세요.

2. 내가 느낀 'Camazotz' 찾기

일상에서 모두가 똑같아야 하거나, 차이를 인정하지 않는 상황을 떠올려 보세요. 그리고 그것을 Camazotz와 비교해 글을 써보세요.

3. '내 안의 Tesseract' 상상하기

내가 가진 용기나 믿음을 'Tesseract'에 비유해 보세요. 그리고 그 힘이 나를 어디로 데려갈 수 있을지 상상하며 글을 써보세요.

『A Wrinkle in Time』은 눈에 보이지 않아도 믿을 수 있는 것들의 가치를 알려줍니다.

작은 감정과 선택이 세상을 바꿀 수 있다는 가능성을 보여줍니다. 모험과 성장을 통해 희망, 용기, 그리고 사랑의 힘을 전합니다.

Reading the Story Inside Out

1. Logic vs. Love

A. IT uses logic and order to control everything. What happens when Meg chooses love instead of logic?

____

____

B. Do you think emotions like love or sadness are stronger than logic? Why or why not?

____

____

C. If you had to choose between "a perfect world" and "a world where you can feel," which would you pick?

I would choose: _______________________________________

Because: ____

2. Identity and Difference

A. At the start, Meg hates being different. What are some things that make her different?

____

____

B. When does Meg realize that her difference is her strength?

____

____

C. Think about yourself. What is something unique about you that you didn't like at first, but now you're proud of?

____

____

3. The Power of Choice

A. On Camazotz, everyone follows the same rhythm. No one is allowed to choose.

Why is this dangerous, even if things look peaceful?

____

____

B. Why is Meg's ability to choose-especially to love-so important in the story?

____

____

C. Have you ever made a choice that was difficult, but felt right? Write about it.

____

____

4. Creative Thinking — Rewrite the World

A. Imagine a world where everyone has the same talent and thinks the same way.
What would school be like? What would family life be like?

____

____

B. Now imagine a world where everyone is very different. What are the good and hard parts about that?

____

____

C. In your own words, complete this sentence:

"I think the most important part of being human is _______________

____

_______________________________________."

9.

사랑과 기억이 만드는 진짜 마법

『The Girl Who Drank the Moon』

선생님: "『The Girl Who Drank the Moon』 어땠어? 단순한 마법 이야기 같았니?"

지 안: "처음엔 그런 줄 알았는데, 루나가 기억을 잃고 다시 찾는 과정이 인상 깊었어요."

루 아: "루나가 마법을 깨우치면서 진짜 자신을 알아가는 게 감동적이었어요."

선생님: "맞아. 이 책은 단순히 마법 이야기처럼 보이지만, 사실은 기억, 사랑, 정체성에 관한 깊은 이야기야. 루나는 마법보다 더 중요한 걸 배워가는 중이었지."

솔 : "가족 이야기처럼 느껴지기도 했어요."

선생님: "맞아. 루나가 주변 사람들과의 관계 속에서 점점 자라나는 모습, 그게 이 이야기의 진짜 마법이야."

줄거리 요약

매년 아기 한 명을 숲에 버리는 제물 의식을 이어온 한 도시가 있었습니다. 사람들은 그것이 재앙을 막는 방법이라 믿었습니다. 하지만 숲에 사는 마녀 Xan은 그 아기들을 구해 다른 마을로 보내고 있었습니다. 어느 해, Xan은 한 아기에게 실수로 별빛 대신 달빛을 먹이게 됩니다. 그 아기 Luna는 강력한 마법의 힘을 갖게 됩니다.

Xan은 Luna를 Glerk와 작은 용, Fyrian과 함께 키우며 마법의 힘을 봉인합니다. Luna는 자신의 힘과 과거를 모른 채 성장합니다. 한편 제물 의식에 의문을 품은 남자 Antain은 진실을 찾기 위해 움직입니다. 마침내 Luna는 기억을 되찾고 마법의 힘을 되찾습니다. 오랫동안 거짓과 슬픔에 가려져 있던 도시의 진실을 밝혀냅니다.. 그리고 Xan, Glerk, 작은 용 Fyrian과 함께 사랑과 희망이 살아 있는 새로운 세상을 향해 나아갑니다.

감정 및 이야기 구조 분석

이야기의 구조는 비밀과 진실을 중심으로 여러 갈래로 전개됩니다.

1. 도입(왜곡된 믿음과 슬픔의 시작)

제물 전통은 사실 위원회와 '친절한 척하는' 수녀들이 꾸민 거짓이었습니다. 그들은 사람들을 슬프게 만들어 반항할 힘을 없애고, 자신들의 권력을 유지하려고 했습니다.

2. 전개(억눌린 기억과 마법의 흔들림)

Luna는 자신이 누구인지 모른 채 자랍니다. Xan은 Luna를 지키려고 했지만, 그 과정에서 Luna의 기억이 봉인되고 마법이 잘못 사용되게 됩니다. 두 사람은 서로를 위해 진실을 숨겼지만, 그 침묵이 오히려 갈등과 오해를 만들었습니다.

3. 위기(마법의 각성과 정체성의 혼란)

봉인된 마법이 풀리며, Luna는 기억을 찾습니다. 자신이 누구이며 왜 특별한지를 알게 됩니다.

4. 절정(사랑의 마법과 진실의 폭로)

Luna는 마법의 참된 의미를 깨닫습니다. 그것은 '사랑', '기억', 그리고 '자신을 받아들이는 마음'입니다. 마침내 모든 속임수가 사라지고 진실이 드러납니다.

5. 결말(각자의 자리로 돌아간 인물들)

Luna는 새로운 수호자가 되고, Xan은 평온하게 삶의 마지막을 맞이합니다. Luna는 마침내 엄마와 재회하며, Antain은 정의를 향한 새로운 길을 걷기 시작합니다. 마법은 사라졌지만, 사랑은 여전히 남아 있습니다.

생각을 넓히는 독해 포인트

1. 기억의 상실은 누구를 위한 것이었는가?

Xan은 Luna를 지키려고 그녀의 기억을 봉인했습니다. 하지만 그 선택은 Luna가 스스로 생각하고 자신을 알 수 있는 기회를 빼앗은 것이기도 합니다. 아무리 좋은 마음에서 한 일이라도, 다른 사람의 삶과 정체성을 대신 정하는 것이 과연 옳을까요?

2. '진짜 마법'이란 무엇인가?

이 작품에는 여러 마법이 나오지만, 가장 중요한 힘은 사랑, 희생, 시, 기억, 공감처럼 눈에 보이지 않는 가치에서 나타납니다. 그래서 "진짜 마법은 어디에 있을까?"라는 질문을 해볼 수 있습니다.

3. 슬픔은 어떻게 권력이 되는가?

이 도시는 사람들이 슬픔 속에 살도록 만들고 있습니다. 권력자는 이런 개인의 감정을 이용해 사람들을 다스리고 지배합니다.

4. 이야기를 '다시 쓰는 것'의 의미

Luna는 잃어버린 기억과 왜곡된 이야기를 되찾고, 자신의 이야기를 새롭게 써 나갑니다. "이야기를 다시 쓴다."라는 것은 곧 자기 삶의 주인이 되는 것이라는 깊은 의미를 담고 있습니다.

고난도 독해 질문

1. 왜 Xan은 Luna의 기억을 봉인했을까요? 그 선택은 정당했을까요?
2. Luna는 어떤 과정을 통해 자신의 마법을 진정으로 이해하게 되었나요?
3. Glerk와 Fyrian은 단지 동물이 아닌 상징적 존재입니다. 이들은 어떤 역할을 했나요?
4. Antain의 선택은 어떤 변화의 상징인가요?
5. '마법 없는 마법'이란 무엇을 의미하나요?

활동 아이디어

1. 기억의 조각 일지 만들기

Luna가 기억을 되찾아가는 과정을 따라, 독자도 자신의 중요한 기억이나 순간을 조각처럼 적어봅니다. 그것이 어떤 의미를 지니는지 연결해보는 글쓰기 활동입니다.

2. 인물 관계 지도 만들기

Luna, Xan, 엄마, Antain처럼 중요한 인물들을 골라보세요. 이 인물들이 서로 어떤 관계인지, 그리고 이야기 속에서 관계가 어떻게 변하는지 적습니다. 이름을 동그라미나 네모 안에 쓰고, 선으로 연결해 관계를 표시합니다. 선 위에는 '가족', '친구', '적'처럼 관계의 종류를 적고, 필요하면 색깔이나 화살표로 변화를 나타낼 수 있습니다. 이렇게 하면 인물들 사이의 연결과 변화를 한눈에 볼 수 있습니다.

3. '진짜 마법' 찾기 토론

작품 속 마법은 상징성을 가집니다. 학생들과 각자가 생각하는 '진짜 마법'이 무엇인지 정의하고, 그 이유를 서로 나눠보는 토론 활동으로 확장할 수 있습니다.

『The Girl Who Drank the Moon』은 단순한 판타지가 아닙니다. 사랑이라는 마법, 정체성의 회복, 그리고 용기를 통해 모든 이가 한 번쯤 겪게 되는 성장의 과정을 보여줍니다. Luna의 이야기는 곧, 우리 모두의 이야기이기도 합니다.

Reading the Story Inside Out

1. Follow Luna's Feelings

A. Choose one scene from the story below. What do you think Luna was feeling at that moment?

	Luna's Feeling
When Luna's magic exploded unexpectedly	
When she started remembering her mother	
When she was reunited with everyone in the end	

B. Draw a picture or write a speech bubble to show Luna's feelings (think about what Luna might be feeling and express it with a drawing or a short sentence).

____

____

2. Symbol Meaning Match

A. **Choose one symbol from the story:**

Moonlight, Paper birds, Poetry, Forest, Stories

B. **What do you think it means? Give it your own definition.**

I think it means...

____

____

C. **Why do you think the author used that symbol in the story?**

____

____

3. Would You Erase a Memory?

A. **Xan sealed Luna's memory to protect her.**

If you could erase someone's sad memory to protect them, would you do it?

Choose one: YES / NO

B. Explain your choice in at least 3 sentences.

____

____

____

____

4. What Is Your True Magic?

A. Complete the sentences below to discover your own "true magic."

My true magic is _________________________________.

I know it's special because ______________________.

I use it when I __________________________________.

____

____

10.

우주를 꿈꾸는 소녀의 용기

『We Dream of Space』

1986년 1월, 지구 밖을 바라보는 세 남매가 있었습니다. 그들은 우주왕복선 챌린저호 발사 순간을 손꼽아 기다리고 있었죠. 하지만 그 누구도, 우주가 주는 꿈과 현실의 무게가 이렇게 다를 줄은 몰랐습니다. 이야기는 Ronald Reagan 대통령 시절, 챌린저호 발사를 앞둔 1986년 1월을 배경으로 합니다.

줄거리 요약

Fitch와 Bird는 쌍둥이이고, 형 Cash와 같은 학년입니다. 부모님은 자주 싸우고 아이들에게 관심이 없어서 세 남매는 늘 외로웠습니다. Bird는 우주 비행사를 꿈꾸며 Ms. Salonga의 우주 수업을 열심히 들었고, Fitch는 게임에 빠져 지냈습니다. Cash는 농구와 공부에서 계속 실패하며 자신감을 잃어가고 있었습니다.

세 남매는 교실에서 챌린저호 발사를 보다가 폭발 장면을 목격하고 큰 충격을 받습니다. 교실 안은 한동안 조용해졌고, 아이들은 화면에서 눈을 떼지 못했습니다. 그날 이후 Bird는 상실감을, Fitch는 슬픔과 죄책감을, Cash는 마음이 무너지는 경험을 하게 됩니다. 며칠 뒤 Ms. Salonga는 "꿈은 넘어져도 다시 세울 수 있다."라고 말하며 그들을 격려했고, 세 남매는 조금씩 변화를 시작하며 서로의 아픔을 이해하게 됩니다.

감정과 이야기 구조 분석

1. 번갈아 나오는 이야기 시점

이 책은 세 남매 Fitch, Bird, Cash의 시점이 번갈아 나옵니다. 각 장마다 주인공이 바뀌기 때문에, 같은 사건도 서로 다른 시선과 감정으로 볼 수 있습니다.

2. 인물들의 감정 변화

- Fitch → 처음엔 불안을 게임으로 풀다가, 어떤 일을 겪고 그 감정을 다른 방식으로 표현하게 되는지 살펴보기.
- Bird → 두려움이 꿈을 가로막는 순간이 언제인지, 그리고 그 두려움을 어떻게 이겨내는지 살펴보기.
- Cash → 자신감을 잃었을 때 어떤 일이 변화를 일으켰는지, 그리고 그 변화가 이어지는지 살펴보기.

3. 역사적 사건이 만든 이야기 구조

이 책은 1986년 챌린저호 발사라는 실제 사건을 중심에 두고 있습니다. 발사 전에는 기대와 설렘이, 발사 후에는 충격과 슬픔이 이야기의 흐름을 크게 바꿉니다. 이 사건이 인물들의 변화를 만드는 중요한 계기가 됩니다.

생각을 넓히는 독해 포인트

1. 시점 따라가기

각 장의 주인공을 주의 깊게 구분하며 읽어 보세요. Fitch, Bird, Cash가 같은 상황을 어떻게 다르게 느끼는지 비교해 보세요.

2. 꿈과 현실의 충돌

Bird의 우주에 대한 꿈과 Fitch, Cash의 현실적 고민이 어떻게 충돌하는지 살펴보세요.

3. 가족과 학교의 역할

부모의 싸움과 Ms. Salonga의 수업이 세 남매의 감정과 행동에 어떤 영향을 주는지 살펴보세요. 이 두 환경이 아이들의 변화와 성장에 어떻게 연결되는지도 생각해 보세요.

4. 챌린저호 사고의 상징

사고 장면이 세 남매의 삶에서 어떤 전환점이 되는지 주목해 보세요.

고난도 독해 질문

1. Bird는 왜 우주와 Judith Resnik을 동경했나요? 그녀의 꿈은 사고 후 어떻게 변하나요?
2. Fitch는 화가 났을 때 어떻게 행동했나요? 그리고 무엇이 그를 바꾸는 계기가 되었나요?
3. Cash는 왜 자신이 있어야 할 곳을 찾지 못했나요? 또, 어떤 일이 그를 바꾸었나요?
4. Ms. Salonga는 세 남매에게 어떤 영향을 주나요?
5. 1986년 챌린저호 발사는 세 남매와 그들의 가족에게 어떤 메시지를 남겼나요?

활동 아이디어

1. 우주 일지 쓰기

Bird, Fitch, Cash 중 한 명이 되어 1월 28일 챌린저호 발사를 지켜본 일기를 써보세요. 감정과 생각을 구체적으로 적어 보세요.

2. 나만의 과학 수업 만들기

Ms. Salonga처럼 여러분도 흥미로운 과학 수업을 기획해 보세요. 우주 혹은 다른 과학 주제를 선택해 짧은 발표를 준비해 봅니다.

3. 우주 포스터 만들기

마음에 남은 우주 장면이나 배우고 싶은 우주 지식을 그림과 글로 표현해 보세요. 그림에는 제목과 간단한 설명을 넣어 다른 사람에게도 내용을 전달할 수 있도록 합니다.

『We Dream of Space』는 서로 다른 성격과 상처를 가진 세 남매가 우주라는 꿈과 현실의 무게 속에서 성장해 가는 이야기입니다. 역사적 비극인 챌린저호 사고를 배경으로, 가족의 갈등과 개인의 변화를 섬세하게 담아냈습니다. 이 책은 상실 속에서도 다시 꿈을 세우는 용기와 서로의 마음을 이해하는 힘이 얼마나 중요한지를 전해줍니다.

Reading the Story Inside Out

1. Emotion Tracker – Beginning to End

A. Choose one character(Bird / Fitch / Cash) and track their emotions.

Time	Emotion at This Time	Reason or Event
Beginning		
End		

B. What event caused the biggest emotional change for your character?

2. Unspoken Feelings

A. Write one imagined line Ms. Salonga might say to each sibling after the accident.

To Bird: "____"

To Fitch: "____"

To Cash: "____"

B. Write one short "inner thought" from Bird when she sees the Challenger explode.

"I couldn't believe it because…"

____

3. Relationship Changes

A. Match each sibling with the change in their relationship or self-understanding.

Bird →

Fitch →

Cash →

Changes:

a. Learns to forgive himself and control his anger

b. Starts to believe dreams can survive failure

c. Finds confidence after realizing family support

4. Deep Thinking Questions

A. Why did Bird admire Judith Resnik? How did her feelings change after the accident?

____

____

B. What helped Fitch begin to change his behavior after the accident?

____

____

C. What message does the Challenger accident leave for the siblings and their family?

____

____

5. Writing Prompt

Choose one and write a paragraph(5-6 sentences).

Option A: Letter to Myself

Write a simple letter to your future self. Tell what you learned from the Challenger story and give one piece of advice about family or dreams.

Option B: Another Character's Feelings

Choose one scene(like when people watch the Challenger launch).
Write 2–3 short sentences about what another person in that scene might feel or think.

____

____

____

____

____

영어책을
삶으로 확장하기

뉴베리 읽기를 프로젝트, 토론,
글쓰기 수업으로 연결하는 방법

1.
뉴베리로 여는 깊이 있는
독서 토론 수업

"책 읽는 건 끝났는데, 이제 뭐해요?"

아이들이 책을 다 읽고 나면 종종 이렇게 묻습니다. 줄거리를 파악하고, 등장인물 이름을 외우고, 숙제처럼 독후감을 한 편 써내는 것으로 독서가 끝나버리는 경우가 많습니다.

하지만 뉴베리 수상작은 그 이상을 할 수 있는 책들입니다. 단순히 '읽기'에서 멈추는 것이 아니라, '말하기'로, 그리고 나아가 '생각 나누기'로 확장할 수 있는 완벽한 발판이 되어 줍니다.

왜 토론 수업인가요?

토론은 아이들에게 세 가지 중요한 능력을 길러줍니다.

1. 자기 생각을 말하는 능력 - 논리적으로 말하고 설명하는 훈련
2. 타인의 생각을 경청하는 태도 - 다른 관점을 이해하고 받아들이는 경험
3. 질문하는 힘 - 깊이 있는 사고로 나아가는 첫걸음

책을 읽고 토론하는 경험은 아이들이 '내가 읽은 책을 내 말로 설명할 수 있게' 만드는 가장 효과적인 방법입니다.

수업 단계별 구성

1. 도입 질문 - 감정에 공감하는 말 열기(5분)

"내가 제일 좋아하는 동물은?"

"누군가와 친구가 된 특별한 순간이 있었나요?"

→ 아이들끼리 1~2분씩 짝과 나눠 말하게 합니다. 책 내용과 감정적으로 연결되는 소재를 먼저 말하게 하면 이후 토론 주제에 감정적으로 몰입하기 쉽습니다.

2. 생각 나누기 - 책의 주요 장면 회상하기(10분)

"Opal은 왜 Winn-Dixie를 특별하게 여겼을까요?"

"새로운 친구들과의 만남이 Opal을 어떻게 변화시켰나요?"

간단한 장면 회상과 감정 토론을 통해 아이들이 책의 핵심 주제를 자연스럽게 떠올릴 수 있도록 돕습니다.

칠판이나 보드에 등장인물 간 관계를 간단히 정리해주면 효과적입니다.

3. 토론 주제 제시 - Yes or No로 생각 나누기(15분)

주제 1: "모든 사람은 친구가 필요하다."

주제 2: "사람을 이해하려면 먼저 그의 이야기를 들어야 한다."

아이들에게 각각의 주제에 대해 'Yes/No'로 먼저 손을 들게 합니다.

그 후, 소그룹(3~4명)으로 나누어 이유를 말해보게 합니다.

빛 찬: "나는 찬성이야. Otis도, Gloria도 혼자 있었을 때보다 친구가 있을 때 더 따뜻해졌잖아."

시 우: "나는 반대야. 어떤 사람은 혼자가 더 편할 수도 있어. 이해받는 게 항

상 좋은 건 아닌 것 같아."

→ 선생님은 발언의 논리나 감정에 주목하며 질문으로 생각을 확장시켜야 합니다.
"그럼, Opal은 왜 처음에 엄마 이야기를 잘 못했을까요?", "Otis는 왜 음악으로 말하려 했을까요?"

4. 전체 토론 - 공통점과 차이점 나누기(10분)
그룹별 생각을 다시 전체 앞에서 공유하게 합니다.
"우리 조는 모든 사람이 친구가 필요하다고 생각해요. Otis와 Gloria도 혼자일 때는 슬펐지만, Opal을 만나면서 많이 변했어요."
"우리 조는 반대 생각이에요. Gloria는 혼자 있어도 편안해 보였고, 꼭 친구가 필요한 건 아니라고 했어요."

이 과정을 통해 아이들은 서로 다른 생각을 갖는 것이 자연스럽고 괜찮은 일임을 자연스럽게 깨닫게 됩니다.

5. 정리 쓰기 - 나의 생각 한 문장으로 표현하기(5분)
마무리 활동으로 "나는 이 책을 읽고 ＿＿＿＿＿＿라고 생각하게 되었다." 형식으로 정리문장을 써 보게 합니다.

"나는 Winn-Dixie처럼 조용히 위로해주는 친구가 되고 싶다."
"사람은 누구나 자기만의 이야기가 있다는 걸 알게 되었다."

처음에는 '정답'을 찾기보다 책을 읽고 난 뒤 느낀 점에서 이야기를 시작하세요. 말이 적은 아이는 글로 먼저 적은 뒤 발표하도록 하고, 토론 후 다시 책을 읽게 하면 새로운 감정과 시선으로 재독하는 경험을 하게 됩니다.

책은 아이들의 마음에 말을 겁니다. 토론은 그 마음에 진짜로 귀 기울이게 합니다. 『Because of Winn-Dixie』처럼 따뜻하고 정서적으로 풍부한 뉴베리 수상작은 혼자 읽는 것보다 함께 나누며 읽을 때 훨씬 더 깊이 연결됩니다.

2.
책을 읽고 생각을 나누는
말하기 수업

책을 읽은 뒤 아이들에게 바로 "이 책의 주제는 무엇일까요?"처럼 추상적인 질문을 하면, 어려워하는 학생이 많습니다. 대신 질문의 초점을 구체적이고 생활과 연결된 방향으로 바꾸면
대화가 훨씬 자연스럽게 이어집니다.

"이 장면에서 너라면 어떤 선택을 했을까?"
"주인공이 지금 우리 반에 전학 온다면 어떻게 환영해줄 수 있을까?"
"이야기에 등장한 장소를 한 마디로 표현한다면 무엇일까?"

이런 질문은 학생들의 경험과 상상을 끌어내며, 대화를 시작하는 좋은 도화지가 됩니다. 질문은 정답을 찾기 위한 수단이 아니라, 생각과 이야기를 확장하는 열쇠가 되어야 합니다.

질문 구성 방법

질문은 선생님이 준비할 수도 있고, 학생들이 모둠별로 함께 만들 수도 있습니다. 질문 수는 많을 필요가 없습니다. 오히려 5~6개 정도의 집중된 질문이 깊이 있는 이야기를 이끌어냅니다.

1. 인물 중심 질문

• 인물의 가장 큰 강점은 무엇이라고 생각하나요?

• 인물이 처한 상황에서 자신이라면 무엇을 포기하고 무엇을 지켰을까요?

• 인물이 말이나 행동 대신 표정으로 보여준 감정은 무엇이었나요?

2. 사건·장면 중심 질문

• 이야기 속에서 가장 예측하기 어려웠던 장면은 언제였나요?

• 이 장면을 다른 인물의 시선으로 다시 그려본다면 어떻게 표현할 수 있을까요?

• 이 장면이 사라진다면 이야기 전체가 어떻게 달라질까요?

3. 주제 확장 질문

• 이 책 속 사건이 오늘날에도 일어날 수 있다고 생각하나요? 이유는 무엇인가요?

• 책 속에서 다룬 문제와 비슷한 사례를 뉴스나 주변에서 본 적이 있나요?

• 만약 이 책의 이야기를 짧은 광고 문구로 만든다면 어떻게 쓸까요?

이러한 질문들은 아이들의 상상과 생활 경험을 기반으로 하여 부담 없이 답할 수 있도록 합니다.

말하기 활동 예시

1. 의자 바꿔 앉기 토론

교실 한가운데에 의자 두 개를 놓고, 질문에 답하고 싶은 학생이 앞으로 나와 서로 마주 앉아 이야기를 나눕니다. 일정 시간이 지나면 다음 학생이 들어와 자리를 바꿉니다.

2. 다른 결말 만들기

책의 마지막 장면을 바꾸어 짧게 말해보는 활동입니다. 결말이 달라지면 인물과 주제에 어떤 변화가 생기는지도 함께 이야기합니다.

3. 핵심 대사 낭독

인상 깊었던 대사 한 줄을 선택해 목소리 톤과 표정을 살려 낭독하고, 그 대사를 고른 이유를 덧붙입니다.

발표 활동 예시

1. 책 속 인물 인터뷰

한 학생은 기자, 다른 학생은 인물이 되어 질문과 답을 주고받습니다. 질문은 수업 전 전체가 함께 준비합니다.

2. 다섯 장면으로 이야기하기

책에서 중요한 장면 다섯 개를 골라 순서대로 설명하고, 각 장면이 이야기 속에서 어떤 역할을 하는지 덧붙입니다.

3. 상징물 발표

책 속에서 반복적으로 등장하는 사물이나 색, 장소를 하나 선택해 그것이 주는 의미와 역할을 설명합니다.

말하기와 발표의 핵심은 완벽한 답을 말하는 것이 아닙니다. 자신의 생각을 꺼내고 다른 사람의 시선과 만나는 경험입니다. 학생들이 주저할 때는 "네 생각이 궁금해.", "그렇게 보는 것도 좋은데?"와 같이 긍정적으로 반응해 주는 것이 효과적입니다. 또 발표가 끝나면 "너의 이야기를 들으니 나도 새롭게 생각하게 됐어."와 같은 피드백을 주세요. 발표 자체가 서로의 생각을 넓히는 시간이 됩니다.

3.
책 속 인물과 주제를
연결하는 글쓰기

좋은 책을 읽고 나면 마음에 울림이 남습니다. 뉴베리 수상작들은 특히 그 울림이 깊고 오래 남는 작품이 많습니다. 중요한 것은, 아이들이 그 감정과 생각을 그냥 넘기지 않고 말과 글로 표현해 보는 경험을 하는 것입니다. 주제 글쓰기는 단순한 감상문이 아니라, 책 속에서 발견한 질문과 메시지를 자기만의 언어로 정리하는 활동입니다. 말하자면 '읽기에서 생각으로, 생각에서 글로' 이어지는 독서의 확장입니다.

이 글쓰기는 줄거리 요약이 아니라 주제를 중심으로 자신의 생각을 논리적으로 펼치는 것이 핵심입니다. 『The One and Only Ivan』을 읽고 "진짜 용기란 무엇일까?", 『Shiloh』를 읽고 "옳은 일을 위해 거짓말을 해도 될까?"와 같이 질문을 만들 수 있습니다. 『Rules』에서는 "다름은 왜 불편하게 느껴질까?"처럼 사회적 고민으로도 확장할 수 있습니다.

아래의 여섯 단계를 따라가면, 학생들이 스스로 주제를 발견하고 생각을 정리하여 완성도 있는 글을 쓸 수 있습니다.

1단계: 주제 찾기 - 책이 던지는 질문 발견하기
책 속 인물과 사건을 떠올리며 다음과 같은 열린 질문에 답해 봅니다.

이 책은 어떤 질문을 던지고 있나요?

주인공이 끝까지 지키려 한 것은 무엇인가요?

갈등 속에서 드러난 가치나 메시지는 무엇인가요?

『The One and Only Ivan』에서 찾은 주제는 희망과 용기입니다.

이 책은 아무리 힘든 상황에서도 희망을 지키고 용기를 내는 것이 얼마나 중요한지를 보여줍니다.

2단계: 근거 모으기 - 주제를 뒷받침하는 장면 찾기

주제를 뒷받침하는 구체적인 장면, 대사, 행동을 2~3개 선택합니다.

Ivan이 "약속을 지키겠다."라고 말했을 때, 그는 두려움 속에서도 결심을 굳혔습니다.

이 장면은 말이 아닌 행동으로 용기를 보여준 순간을 잘 나타냅니다.

3단계: 구조 잡기 - 글의 흐름 설계하기

글은 다음의 구조로 글을 작성하세요.

서론: 주제 소개 + 책 간단 소개

본론1: 근거 장면 ① + 주제 연결

본론2: 근거 장면 ② + 주제 연결

본론3(선택): 나의 경험과 주제 연결

결론: 주제 재확인 + 배운 점

4단계: 첫 문단 쓰기 - 서론 완성하기

서론은 글의 시작 부분으로, 책의 제목, 내가 찾은 주제, 그리고 그 주제가 드러나는 핵심 장면을 간단히 소개합니다. 이 부분에서 "아, 이 글이 무엇에 대해 이야기하는구나. 하고 한눈에 알 수 있도록 해주는 것이 중요합니다.

『The One and Only Ivan』에서 희망과 용기의 의미를 느꼈습니다. 특히 Ivan이 Ruby를 자유롭게 하기로 결심하는 과정에서 그 의미가 더욱 뚜렷하게 다가왔습니다.

5단계: 본문 쓰기 - 장면과 주제 연결하기
각 근거 장면을 한 단락으로 확장합니다.

장면 요약
인물의 감정 · 행동
주제와의 연결

Ivan이 Ruby를 자유롭게 해주겠다고 약속하는 장면에서, Ivan은 두려웠습니다. 그리고 그 약속을 지키기 위해 행동으로 나섰습니다. 이 모습은 어떤 어려움 속에서도 희망을 잃지 않고 용기를 내는 것이 얼마나 중요한지를 잘 보여줍니다.

6단계: 나와의 연결 - 주제를 삶에 적용하기
주제를 내 경험과 연결해 씁니다.

예전에 한 친구가 학교 발표를 앞두고 너무 긴장해서 울먹이던 적이 있습니다. 처음에는 어떻게 말을 꺼내야 할지 몰라서 망설였습니다. 하지만 용기를 내어 다가가 "네가 잘할 수 있는 걸 내가 알아"라고 말하며 함께 발표 연습을 해 주었습니다. 친구가 무대에서 발표를 마쳤을 때, 저도 뿌듯했고 친구는 환하게 웃었습니다. 『The One and Only Ivan』을 읽으면서, 그때 느꼈던 서로를 응원하고 지켜주려는 마음이 다시 생각났습니다.

7단계: 결론 – 메시지와 배움 정리하기
주제를 다시 확인하고, 내가 얻은 깨달음을 씁니다.

이 책이 전하는 가장 큰 메시지는 "작은 용기가 큰 변화를 만든다."입니다. 어려운 상황이 와도 희망을 잃지 않고 용기를 내어 행동해야겠다고 생각했습니다.

쓰기 점검표
주제가 처음부터 끝까지 계속 잘 보이나요? ☐
장면이나 대사, 행동이 구체적으로 들어갔나요? ☐
줄거리만 쓴 게 아니라 주제에 관한 나의 생각도 작성하였나요? ☐
문장이 자연스럽고 맞춤법이 맞나요? ☐

쓰기 예시

진짜 용기 – 『The One and Only Ivan』

나는 이 책 『The One and Only Ivan』을 읽으며 진짜 용기에 대해 깊이 생각하게 되었습니다. 특히 Ivan이 Ruby를 위해 결심하는 과정에서 이 주제가 선명하게 드러납니다.

첫 번째 장면은 Ruby가 서커스에서 힘든 시간을 보내는 모습을 Ivan이 지켜보는 순간입니다. 그는 자신이 지금까지 아무것도 하지 않았음을 깨닫고, Ruby를 지키기 위해 변화를 결심합니다. 이 장면은 두려움 속에서도 다른 존재를 위해 행동하는 것이 진짜 용기임을 보여줍니다.

두 번째 장면은 Ivan이 자신의 그림을 통해 Ruby를 동물원으로 보내달라는 메시지를 전하는 부분입니다. 그는 사람들의 반응을 예측할 수 없었지만, 자신의 약속을 지키기 위해 끝까지 시도했습니다. 이는 말보다 행동으로 보여주는 용기의 모습을 잘 드러냅니다.

나도 예전에 친구가 다른 아이들에게 놀림을 받는 것을 본 적이 있습니다. 처음엔 두려워서 모른 척했지만, 결국 그 친구 옆에 앉아 이야기를 나누며 마음을 표현했습니다. Ivan처럼 나도 누군가를 위해 행동했던 경험이 떠올랐습니다. 이 책이 전하는 가장 큰 메시지는 진짜 용기는 두려움이 없는 것이 아니라, 두려움 속에서도 옳은 일을 선택하는 것입니다. 앞으로 나도 누군가를 위해 필요한 행동을 주저하지 않고 하고 싶습니다.

True Courage – The One and Only Ivan

I read The One and Only Ivan and learned about true courage. I saw this when Ivan made a big choice to help Ruby.

The first scene is when Ivan sees Ruby having a hard time in the circus. He knows he has not helped before, but now he decides to protect her. This shows that courage means helping someone even if you feel scared.

The second scene is when Ivan makes pictures to tell people to take Ruby to the zoo. He does not know what will happen, but he keeps trying to help her. This shows that courage is about doing something, not just saying it.

I remember a time when my friend was teased. At first, I was scared and did nothing. Later, I sat next to my friend and talked to them. Like Ivan, I helped someone even though I was nervous.

This book teaches that courage is not about having no fear. It is about doing the right thing even when you are afraid. I want to be brave and help others when they need me.

4.
감정 저널과 인터뷰로 쓰는
창작 이야기 쓰기

좋은 책을 읽고 나면 머릿속에 남는 것은 줄거리보다도 '인물이 느낀 감정'입니다. 기뻤던 순간, 두려웠던 상황, 울컥했던 장면, 그리고 조용히 위로받았던 대사들은 마음에 오래 남습니다. 이 감정은 때로 우리가 살아가면서 마주하게 될 순간들에 대한 작은 나침반이 되어줍니다.

아이들도 마찬가지입니다. 그저 책을 읽고 덮는 것으로 끝나지 않고, 등장인물의 마음을 느끼고 표현해보는 활동은 독서를 훨씬 깊은 경험으로 바꿔줍니다. 그 과정에서 아이들은 공감력과 상상력을 동시에 키울 수 있습니다.

이러한 활동의 좋은 방법이 바로 인물 인터뷰, 감정 저널, 그리고 창작 이야기 쓰기입니다. 이 세 가지는 서로 연결되어, 읽기의 감정을 쓰기의 상상으로 자연스럽게 확장시켜 줍니다.

인물 인터뷰 - 인물의 마음속으로 들어가기

인물 인터뷰는 학생이 책 속 인물이 되었다고 상상하며, 스스로 질문을 만들고 그 인물의 입장에서 답을 작성하는 활동입니다. 여기서 중요한 점은, 질문이 단순한 사실 확인이 아니라 인물의 내면을 묻는 형태여야 한다는 것입니다.

"왜 그런 행동을 했나요?", "그 순간 어떤 기분이었나요?", "다시 그 상황이 온다면 어떻게 하겠습니까?"와 같이 감정과 선택에 집중하는 질문이 효과적입니다.

예: 『The Tale of Despereaux』
질문: "왜 공주를 구하려 했나요?"
대답: "공주는 나에게 빛 같은 존재였어요. 모두가 인간을 멀리하라 했지만, 저는 달랐어요. 누군가는 꼭 공주를 지켜야 한다고 느꼈어요."

이 활동은 글쓰기뿐 아니라, 역할극으로도 확장할 수 있습니다. 짝을 지어 한 명은 기자, 다른 한 명은 인물이 되어 질문과 대답을 주고받습니다.

감정 저널 - 감정의 흐름을 따라 쓰기

감정 저널은 인물의 하루를 시간 순서대로 따라가며 감정의 변화를 기록하는 글쓰기입니다. 줄거리를 나열하는 것이 아니라, 각 장면에서 인물이 느꼈을 감정을 구체적으로 표현하는 것이 핵심입니다.

예: 『Inside Out and Back Again』의 Hà, 미국 도착 첫날
"공항의 냄새는 낯설고, 사람들의 눈빛은 나를 관찰하는 것 같았다. 말은 통하지 않았지만, 웃는 얼굴이 조금 따뜻하게 느껴졌다. 마음속에는 두려움도 있었지만, 희망도 함께 있었다. 이곳에서 나도 웃을 수 있을까?"

처음 시도하는 학생들에게는 '아침-점심-저녁' 세 구간으로 나누어 감정을 정리하도록 하면 부담이 줄어듭니다. 익숙해지면 특정 사건 전·중·후의 감정 변화를 중심으로 쓰게 하여 더 섬세한 표현을 연습할 수 있습니다. 감정 저널은 글쓰기의 표현력을 높이고, 인물의 심리를 깊이 이해하는 데 도움을

줍니다.

나만의 창작 이야기 - 감정에서 상상으로 확장
창작 이야기 쓰기는 책 속 인물이나 주제를 바탕으로 새로운 이야기를 만들어보는 활동입니다. 여기서는 원작의 감정선과 주제를 토대로 '만약에'라는 상상을 확장하는 것이 중요합니다.

예: 『El Deafo』 → "내가 슈퍼히어로라면 친구를 위해 어떤 능력을 가질까?"
『Charlotte's Web』 → "만약 내가 거미라면, 친구를 위해 어떤 단어를 거미 줄에 쓸까?"

이 활동에서는 창작의 자유도를 높이되, 원작과의 연결점을 반드시 한두 개 이상 포함하게 합니다. 주인공이 느낀 감정이나 책 속의 주요 사건을 변형하여 새로운 상황을 만드는 것입니다. 활동이 끝난 후에는 발표 시간을 통해 친구들에게 글을 읽어주고, 왜 이런 이야기를 쓰게 되었는지 간단히 설명하게 합니다.이렇게 하면 창작 동기를 되짚어보면서 작품에 대한 이해와 자신감이 생깁니다.

활동 확장 아이디어
이 세 가지 활동은 서로 연결되어 더 깊은 글쓰기로 확장될 수 있습니다.

1. 감정 그림: 감정 저널에 쓴 내용을 그림으로 표현하여 시각적 이해를 돕기
2. 인물 카드: 이름, 특징, 고민, 바람 등을 간단한 카드 형식으로 제작해 창작에 활용
3. 감정 단어 사전: 읽으며 발견한 감정 단어를 정리하고 예문 작성

이 확장 활동들은 학생들이 감정을 언어와 이미지 모두로 다루게 하여 표현력을 다방면에서 키워줍니다.

뉴베리 수상작에는 인물의 감정이 깊게 묘사된 작품이 많습니다. 이러한 작품을 바탕으로 인물의 감정을 글로 표현하고, 상상 속 이야기로 확장하는 활동은 단순한 감상문을 넘어섭니다. 아이들은 인물의 마음을 따라가며 세상을 보는 시야를 넓히고, 그 감정을 자기만의 언어로 표현하는 힘을 기르게 됩니다. 결국 '읽은 것을 느끼고, 느낀 것을 쓰는' 경험은 영어책을 외국어 텍스트가 아닌 '마음을 울리는 이야기'로 기억하게 만듭니다.

5.
책의 생각을 담아내는
북리뷰 활동

책을 다 읽은 뒤 줄거리와 감상을 글로 정리하는 일은 단순한 과제가 아니라, 책 속에서 얻은 생각과 감정을 깊이 되새기는 과정입니다. 특히 북리뷰 쓰기는 줄거리를 요약하는 것을 넘어, 인물에 대한 이해, 느낀 감정, 그리고 책에 대한 평가까지 담아낼 수 있는 좋은 방법입니다.
이 과정을 통해 학생들은 생각을 말과 글로 정리하며 사고력과 글쓰기 실력을 함께 키울 수 있습니다.

아래 단계별 안내를 따라가면, 처음 북리뷰를 쓰는 학생들도 차근차근 완성도 있는 글을 만들어낼 수 있습니다.

1단계. 책 정보 정리하기

읽은 책의 기본 정보를 간단히 쓰면, 다른 사람이 어떤 책인지 바로 알 수 있습니다.

어떻게 쓰면 될까요?

제목: 책 제목

저자: 책을 쓴 사람은 누구인가요?.

분류: 책의 종류 (예: 모험, 판타지, 동물 이야기 등)

책을 고른 이유: 왜 이 책을 읽고 싶었는지 한 줄로 간단히 씁니다.

제목: 『Shiloh』 / **저자:** Phyllis Reynolds Naylor

선택 이유: 강아지와 친구가 되는 이야기를 좋아해서 읽었어요.

> **Tip**
>
> 책을 고른 이유를 쓰면, 내가 어떤 관심사나 취향을 가지고 있는지 알 수 있습니다. 또, 다른 사람이 책을 고를 때 참고가 될 수도 있어요. 그래서 단순히 "재밌어 보여서"라고 쓰기보다, 어떤 점이 재미있을 것 같았는지, 왜 끌렸는지를 조금 더 구체적으로 적어보면 좋습니다.

2단계. 줄거리 요약하기(3~5문장)

이야기의 가장 중요한 흐름만 짧게 정리합니다.

줄거리 요약하는 방법

1. **배경:** 이야기가 시작되는 곳과 상황
2. **주인공:** 이야기의 중심 인물
3. **문제:** 무슨 일이 일어났는지
4. **시도:** 문제를 해결하려고 한 행동
5. **결과/변화:** 마지막에 어떻게 되었는지

Marty는 시골 마을에 사는 소년입니다. 어느 날 학대받던 비글 Shiloh를 발견하고 지키려고 합니다.그는 여러 어려움 속에서도 Shiloh가 안전하게 지낼 방법을 찾습니다.

체크리스트

3~5문장 안에 중요한 내용이 들어갔나요?　□

사건만 나열하지 않고, 처음—중간–끝이 연결되게 썼나요?　□

3단계: 등장인물 분석하기

이야기 속 인물의 성격, 행동, 변화를 책 속 내용을 근거로 설명합니다.

성격: '친절하다', '용감하다', '참을성 있다' 같은 형용사를 사용하세요.

인상 깊은 행동: 그 인물이 했던 특별하거나 중요한 행동을 작성하세요.

변화: 이야기 전과 후에 마음이나 행동이 달라진 부분이 있으면 작성하세요.

근거: 책 속 장면이나 대사에서 근거를 찾아보세요.

Marty는 따뜻하고 책임감 있는 성격입니다. Shiloh를 숨기고 돌본 행동은 그가 동물을 지키려는 마음이 크다는 것을 보여줍니다.

체크리스트

성격을 쓸 때 행동 근거도 함께 적었나요?　□

변화가 있다면, 전과 후가 어떻게 다른지 썼나요?　□

4단계. 감상 쓰기(느낀 점·이유·연결)

책을 읽고 마음이 움직인 장면과 그 이유, 그리고 나와의 연결점을 적습니다.

감상 1문장: 마음에 남은 장면을 구체적으로 적습니다.

이유 1~2문장: 그 장면에서 느낀 감정이나 깨달음을 설명합니다.

나와의 연결 1문장: 그 장면이 나의 경험이나 생각과 어떻게 이어지는지 작성합니다.

"좋았다 혹은 슬펐다"라고만 쓰지 말고, 반드시 "왜"를 붙여서 이유를 써야 합니다.

Marty가 Shiloh를 지키기 위해 힘든 일을 기꺼이 하는 장면이 가장 기억에 남았습니다. 누군가를 위해 노력하는 것이 진짜 사랑이라는 것을 느꼈습니다. 그리고 제가 예전에 길고양이를 돌봤던 경험도 떠올랐습니다

느낌 → 이유 → 연결의 순서로 썼나요?   ☐
마음에 남은 장면을 구체적으로 적었나요?   ☐

5단계. 책 평가와 추천 쓰기

이 책을 읽어야 하는 이유와, 어떤 독자에게 적합한 책인지 알려주어야 합니다.

별점: 5점 만점에서 몇 점인지 정해봅니다.(선택 사항)
한 줄 평가: 책의 장점이나 가장 인상 깊었던 점을 짧게 작성합니다.
추천 대상: 어떤 사람이 이 책을 좋아할 것 같은지 구체적으로 작성합니다.

★★★★★

한 줄 평: "옳은 일을 위해 고민하고 행동하는 진짜 용기를 보여주는 이야기."
동물을 좋아하고 주인공이 성장하는 이야기를 좋아하는 사람에게 추천합니다.

평가 근거가 내가 앞에서 쓴 감상 내용과 이어지나요?   ☐
추천 대상이 '사람들'처럼 너무 넓지 않고, 구체적으로 썼나요?   ☐

6단계. 최종 점검(퇴고 루틴 5가지)

문장을 더 매끄럽게 하고, 내용이 정확한지 확인합니다.

문장을 소리 내어 읽기: 한 번에 읽기 숨이 찰 만큼 긴 문장은 두 개의 짧은 문장으로 나누어야 합니다.

불필요한 반복 삭제: 같은 뜻을 가진 문장이 두 번 나오면 하나만 남깁니다.

주어와 동사의 수·시제 맞추기: 주어와 동사의 단수와 복수를 맞추고, 글 전체에서 같은 시제를 유지해야 합니다.

맞춤법·띄어쓰기·대문자 확인: 제목, 등장인물 이름, 책 제목이 올바른 철자와 대문자로 표기되었는지 확인합니다.

체크리스트

줄거리가 너무 길거나 짧지 않은가요? ☐

인물 분석이 구체적인가요? ☐

감상에 '이유'와 '나와의 연결점'이 포함되어 있나요? ☐

평가와 추천 대상이 명확한가요? ☐

맞춤법과 표기가 정확한가요? ☐

북리뷰 예시 - Shiloh

제목: Shiloh

저자: Phyllis Reynolds Naylor

책을 고르게 된 이유: 동물과의 우정 이야기를 좋아해서 선택하였습니다.

줄거리 요약

Marty Preston은 시골 마을에 사는 소년입니다. 어느 날, 그는 다친 비글 강아지 Shiloh를 발견합니다. Shiloh는 이전 주인인 Judd Travers에게서 학대를 받고 있었습니다. Marty는 Shiloh를 지키기 위해 몰래 숨기지만, 비밀은 곧 드러나고 맙니다. 결국 Marty는 Shiloh를 지킬 방법을 찾기 위해 Judd와 거래를 하게 됩니다.

주요 인물 소개

Marty Preston – 정직하고 따뜻하지만, 때로는 옳은 일을 위해 위험을 감수하는 소년
Shiloh – 다정하고 충직한 비글 강아지, Marty와 깊은 유대감을 형성함

감상

이 책을 읽으며 Marty가 정말 용감하다고 느꼈습니다. 거짓말을 싫어하는 Marty가 Shiloh를 지키기 위해 어쩔 수 없이 거짓말을 해야 했기 때문입니다. 처음에는 '그게 맞는 걸까?' 하고 고민했지만, Marty의 진심을 알게 되자 생각이 달라졌습니다. 상황에 따라 옳고 그름이 단순히 나뉘지 않을 수도 있다는 걸 배웠습니다.

인상 깊은 문장

"Sometimes you have to break the rules to do the right thing."
→ 옳은 일을 하기 위해 규칙을 어겨야 할 때도 있다는 말에 깊이 공감했습니다.

추천 이유

이 책은 정의, 용기, 그리고 사람과 동물 사이의 사랑에 대해 생각하게 만듭니다.

옳은 일을 위해 고민하고 행동하는 진짜 용기를 보여주는 이야기.

Book Review - Shiloh

I chose this book because I like stories about friendship between people and animals.

In Shiloh, a boy named Marty Preston finds an injured beagle. The dog belongs to Judd Travers, a man who treats him badly. Marty hides Shiloh to protect him, but he knows he can't hide him forever. To keep Shiloh safe, Marty makes a deal with Judd and works hard to earn the dog's freedom.

I liked Marty because he was brave and cared for Shiloh very much. My favorite part was when Marty worked for Judd even though it was hard, just so he could keep Shiloh. It showed that sometimes you must make sacrifices for someone you love. My favorite sentence was, "Sometimes you have to break the rules to do the right thing." I think this is true in life, too.

Overall, Shiloh is a touching story about courage, kindness, and making hard choices. I recommend it to anyone who loves animals or wants to read a story that makes you think about what is right.